D0528099

À M. Paul Casgrain

avec tous mes respects

Lucie Laurin

21.11.85

DES LUTTES ET DES DROITS

Lucie Laurin

DES LUTTES ET DES DROITS

*

Antécédents et histoire de la
Ligue des Droits de l'Homme
de 1936 à 1975

éditions du Méridien

Données de catalogage avant publication (Canada)

Laurin, Lucie

   Des luttes et des droits: antécédents et histoire de la Ligue des droits de l'homme de 1936 à 1975

   Comprend un index

2-920-417-98-3

   1. Ligue des droits de l'homme (Montréal, Québec) - Histoire. 2. Droits de l'homme - Québec (Province). I. Titre.

JC599.C32Q8   1985   323.4′06′0714   C85-094074-5

ISBN 2-920417-98-3

Conception graphique de la couverture: Yvan Adam

© Les Éditions du Méridien — 1985

Dépôt légal 3e trimestre 1985 — Bibliothèque nationale du Québec

Imprimé au Canada

REMERCIEMENTS

De nombreuses personnes ont collaboré au travail qui a précédé la présente publication; l'auteure tient à les remercier chaleureusement.

· Messieurs Paul-André Linteau et Robert Comeau, professeurs au département d'histoire de l'Université du Québec à Montréal, ont mis sur pied la présente recherche en dirigeant un projet subventionné par l'UQAM, et ont aimablement accepté de participer au comité de lecture après l'échéance du projet;

· Messieurs Raymond Boyer et Gilles Tardif ont activement collaboré aux travaux du comité de lecture à titre d'«anciens» militants de la Ligue des Droits de l'Homme/Ligue des Droits et Libertés;

· Monsieur Guy Lyrette, étudiant en histoire à l'UQAM, a effectué toute la recherche sur le Comité Ouvrier Juif;

· Madame Hélène Béliveau a dactylographié bénévolement le manuscrit;

· Messieurs Daniel Frenette et Jean-Pierre Joly ont assumé les services de photographie;

· Les personnes suivantes ont accordé une entrevue à l'auteure (par ordre chronologique):

Messieurs Campbell Ballantyne
Eugène Forsey
Raymond Boyer
Frank R. Scott

Mesdames Alice et Jean Calder, filles de Robert L. Calder... pour la Société canadienne des Droits de l'Homme

Monsieur Stanley B. Ryerson, pour la Ligue canadienne de Défense ouvrière

Monsieur Kalmen Kaplansky, pour le Comité Ouvrier
Juif

Monsieur Raphaël Ryba, pour le Comité Ouvrier Juif et
le Comité pour la Défense des Droits de l'Homme

Messieurs René Hurtubise
Claude E. Forget
Claude-Armand Sheppard
Pierre Verdy
Jacques Hébert
J.Z. Léon Patenaude
Maynard Gertler
Pierre Jasmin
Maurice Champagne-Gilbert
Jean-Louis Roy
Raymond Boyer
Jean-Claude Bernheim
Madame Astrid Gagnon ... pour la Ligue des Droits de
l'Homme.

• Les personnes suivantes ont fourni à l'auteure de précieuses informations : R.C. Harvey, Gertrude Partridge, Thérèse Romer, Renée Joyal-Poupart, Marc Bélanger, Aline Gobeil, Guy Bourgeault, Robert Demers, David Rome, Fernand
Daoust, Georges Le Bel, Yves Legault ;

• Mesdames Arlette Lefrançois et Anne-Marie Cadieux
et monsieur Gilles Janson, du Service des Archives de
l'UQAM, ont prêté assistance lors de la recherche en archives ;

• Mesdames Monique Doyon et Diane Marchand et
monsieur Sylvain Lachaîne, étudiants en histoire à l'UQAM,
ont effectué les recherches préliminaires sur la SDH et la
LDH ;

• Monsieur Robert Couillard a représenté la Ligue des
Droits et Libertés au comité de lecture à compter de
l'automne 1984.

La présente recherche a été appuyée financièrement par :

· un projet du Comité d'aide financière aux chercheurs de l'UQAM ;

· un projet d'action communautaire des Services à la collectivité de l'UQAM ;

· une subvention du Secrétariat d'État du Canada ;

· une subvention de la Direction générale de l'Éducation des Adultes du ministère de l'Éducation du Québec.

La Ligue des Droits et Libertés a administré les subventions gouvernementales et fourni le soutien technique.

PRÉFACE

LES DROITS ET LIBERTÉS, UNE PRÉOCCUPATION CONSTANTE

Lutter pour les droits et libertés, c'est respirer, c'est s'oxygéner : c'est exiger la qualité de l'environnement social et de la vie... pour paraphraser une langue très actuelle.

C'est parfois un combat de survie, visant à contrer les attaques aux droits les plus élémentaires comme le droit à la vie et à l'intégrité physique, réalités douloureuses que nous rapportent d'année en année divers organismes dont Amnistie internationale dans ses dénonciations répétées du meurtre politique et de la torture.

C'est plus souvent l'exigence du respect des autres droits et libertés civils et politiques, telles les libertés de conscience, de religion, d'opinion, d'expression, de réunion pacifique et d'association et le droit à l'égalité considérés comme inhérents à la nature humaine, bien que non absolus.

C'est aussi, mais de façon plus incertaine et assurément interrogative, la recherche d'un équilibre encore inconnu entre ces droits civils et politiques et les droits sociaux et économiques. Si la Charte canadienne est quasi muette sur le sujet et si celle du Québec demeure timide, les documents internationaux témoignent de l'amorce de ce débat, à preuve le Pacte international relatif aux droits civils et politiques et le Pacte international relatif aux droits sociaux et économiques. Et, faut-il le souligner, depuis que le Canada a adhéré au Protocole facultatif se rapportant au premier de ces Pactes, il est possible de porter plainte directement au Comité des droits de l'homme créé en vertu de ce Pacte pour dénoncer une atteinte, en sol canadien, à l'un des droits garantis, mécanisme qui n'existe pas à l'égard des droits sociaux et économiques.

Croire aux droits et libertés de l'homme, c'est se réclamer de l'espèce humaine; c'est reconnaître qu'ils identifient et différencient l'humain et que leur existence et leur respect révèlent la mesure de la richesse (ou de la détresse) d'un individu et d'une société.

L'histoire nous apprend que ce débat n'est jamais clos: il est perpétuel et inhérent à la vie. Conscient des enseignements du passé, il faut y participer et s'interroger sur l'avenir des droits et libertés. Si l'article 4 du Pacte international relatif aux droits civils et politiques sanctionne le caractère transcendant de certains d'entre eux, qu'en est-il du reste? Dans quelle mesure sont-ils complémentaires *ou* contradictoires? Et jusqu'à quel point les Chartes, Codes, Déclarations ou Pactes, mesures tantôt défensives tantôt dynamiques, sont-ils irréels, utopiques, voire inconsistants, ou simplement idéalistes?

Le droit positif étant parfois déficient, des controverses se sont engagées, souvent longues et pénibles, au nom du respect des droits humains et de la Justice, — puisqu'à mon avis, les deux, idéalement, se rejoignent! Et c'est ainsi que des législations furent améliorées et des injustices corrigées à l'occasion, bien que tardivement.

Les exemples de tels cas *abondent* au Canada et au Québec: ils commandent notre réflexion, notre regret et notre détermination. Ces exemples ont fait l'objet de plusieurs écrits sur lesquels nous n'entendons pas revenir ici.

Ce que le présent ouvrage offre d'intéressant et d'inédit, c'est l'histoire sommaire de bon nombre d'organismes qui ont mené la lutte pour les droits humains au Québec entre 1936 et 1975:

— Société canadienne des Droits de l'homme, section de Montréal, 1937-1941;
— Comité ouvrier juif, 1936... ;

- Comité pour la défense des Droits de l'homme, 1964-1975 ;
- Ligue des droits de l'homme, devenue Ligue des droits et libertés, 1963-1975.

Ce volume nous révèle aussi ou nous rappelle succintement au passage ceux et celles qui ont été parmi les principaux artisans des divers mouvements.

Madame Lucie Laurin, alliant à la fois l'art et la méthode de l'historien et du scientifique, nous livre le fruit de sa longue recherche dans une approche descriptive qui se veut la plus objective possible, quitte à s'adonner éventuellement à une étude critique.

Nous savions que des injustices avaient été commises et que des batailles avaient été livrées. Nous en apprenons davantage, de façon très concrète, sur la période 1936-1975. Nous constatons encore qu'un *dénominateur commun indestructible* — la foi dans les droits humains — a toujours uni et unira toujours dans une même conviction profonde et partagée des hommes et des femmes dont les intérêts ne sont pas nécessairement convergents. Cet apport à notre historique des droits et libertés fait aussi progresser le débat en nous rappelant l'exemple de prédécesseurs dont les efforts furent loin d'être tous couronnés de succès mais qui ont néanmoins choisi de lutter et de proclamer leurs convictions.

Cette courte tranche de l'histoire nous enseigne enfin que, malgré certaines améliorations tangibles qu'il nous faut savoir reconnaître, le débat subsiste: au Québec, comme au Canada, le respect des droits et libertés demeure une réalité fragile qui exigera toujours vigilance, réflexion et respect d'autrui.

René Hurtubise
Juge à la Cour supérieure du Québec

INTRODUCTION

L'année 1983 revêtait une grande importance pour la Ligue des Droits et Libertés : le 29 mai, elle fêtait son vingtième anniversaire. Occasion unique de marquer un temps d'arrêt pour se tourner vers son passé et évaluer ses acquis. C'est à la veille de cet anniversaire qu'est né le projet d'écrire l'histoire de la Ligue des Droits de l'Homme/Ligue des Droits et Libertés.

D'importantes questions se posaient aux auteurs du projet : Pourquoi une Ligue des Droits de l'Homme précisément en 1963 ? Quelle est la part de la Ligue dans l'évolution des droits au Québec depuis vingt ans ? La conception des droits et de leur défense chez les militant-e-s a-t-elle changé à mesure que le pouvoir politique développait des techniques de plus en plus raffinées de contrôle social ?

En même temps que surgissaient les questions, s'imposait la nécessité, pour mieux comprendre la Ligue d'aujourd'hui, de repousser les frontières temporelles le plus loin possible et de faire place aux organismes qui, dans les décennies antérieures, avaient lutté pour la reconnaissance des droits les plus élémentaires.

Nous avons identifié les groupes suivants : la Ligue canadienne de Défense ouvrière (1925-1940), la Société canadienne des Droits de l'Homme-section de Montréal (1937-1941), l'Union des Libertés civiles (décennies 1940 et 1950), le Comité Ouvrier Juif (1936-   ) et le Comité pour la Défense des Droits de l'Homme (1964-1975).

Faute de temps et de ressources, nous n'avons pu étudier la Ligue canadienne de Défense ouvrière, organisme du Parti communiste qui fournissait une aide légale aux travailleurs traduits en justice pour activités syndicales, ni l'Union des Libertés civiles des décennies 1940 et 1950. De cette dernière, nous savons seulement qu'elle protesta en 1946 contre la persécution à laquelle se livrait le premier ministre du Québec Maurice Duplessis à l'endroit des Témoins de Jéhovah et de leur défenseur Roncarelli; et que durant la décennie 1950, officiellement affiliée à la Ligue des Droits démocratiques, organisme du Parti communiste, elle lança une levée de fonds pour couvrir les coûts de la cause Switzman sur la constitutionnalité de la loi du Cadenas devant la Cour suprême du Canada.

Par contre, nous avons eu la chance de recueillir le témoignage d'ex-militants de la Société canadienne des Droits de l'Homme, du Comité Ouvrier Juif et du Comité pour la Défense des Droits de l'Homme, et de consulter quelques-uns des documents produits par ces organismes. Dans les pages qui suivent, nous verrons qui étaient les membres de ces groupes, à quels types de droits ils s'intéressaient et quelles furent leurs principales activités.

La deuxième partie de ce volume est consacrée aux douze premières années d'existence de la Ligue des Droits de l'Homme, soit de 1963 à 1975. Cette période de douze ans se divise en deux tranches, la charnière étant 1972; cette année-là en effet, la Ligue rompt avec les priorités qu'elle s'était données durant la décennie 1960 pour adopter une nouvelle orientation. Ceci n'est pas sans influencer profondément, comme nous le verrons, la nature des dossiers qu'elle traite par la suite et le mode d'intervention qu'elle privilégie. Lorsque nous quittons la Ligue en 1975, elle prépare une seconde "révolution", beaucoup plus discrète cette fois.

Pour effectuer cette recherche, nous disposions d'un fonds documentaire assez riche quoique incomplet; plusieurs anciens membres ont généreusement accepté de céder à la Ligue leurs archives personnelles, ce qui a permis de combler quelques lacunes. Les procès-verbaux des réunions du conseil d'administration, du comité exécutif et des assemblées générales des membres fournissaient, il va sans dire, l'ossature à notre recherche : nous les avons dépouillés systématiquement, ainsi que les divers documents publiés par la Ligue des Droits.

Par la suite, des entrevues enregistrées ont été réalisées avec d'anciens militants (présidents, membres à long terme de l'exécutif, permanents), heureux de ressusciter leurs souvenirs et de collaborer à notre projet. Ces rencontres ont permis de donner vie aux informations précédemment recueillies, tout en enrichissant le fonds d'archives sonores de la Ligue des Droits et Libertés.

Toute cette documentation pourrait alimenter une foule de recherches passionnantes; nous sommes loin d'en avoir épuisé le contenu. Cette première publication sur l'histoire de la Ligue, sans être une pure chronologie, vise d'abord à établir des assises, fixer des repères; et elle ose parfois suggérer — sans prétendre l'imposer — une interprétation préliminaire.

En raison de la nature de ce document, les questions fondamentales qui se posaient à nous au départ ne trouveront pas toutes réponse dans ce livre; mais du moins espérons-nous avoir réalisé les objectifs que nous nous étions fixés :

— d'abord, ressusciter le passé — et le passé antérieur — infiniment riches de la Ligue, et les faire connaître à ses propres membres et au grand public;

— puis, réhabiliter la mémoire des anciens dont les luttes, qui ont préparé celles de leurs successeurs, ont souventes fois été ignorées, voire déconsidérées par ces derniers;

— enfin, alimenter une réflexion qui s'impose sur les moyens d'utiliser au mieux cet outil d'intervention unique qu'est la Ligue des Droits et Libertés.

1ère partie :

DE LA DÉCENNIE 1930 À LA RÉVOLUTION TRANQUILLE

La Société canadienne des Droits de l'Homme Section de Montréal (1937-1941)

1. ORIGINES

Le Québec des années 1930, durement éprouvé par la crise, était inondé des discours de ses élites religieuses et intellectuelles, qui mettaient l'accent sur son infériorité économique et offraient des solutions à saveur nationaliste reflétant souvent certaines valeurs fascistes.

L'intolérance, qui prenait pied chez nous, à tout ce qui pouvait être étiqueté «étranger», ne laissait pas d'inquiéter certains esprits plus préoccupés que la moyenne de droits individuels, de libertés, de démocratie et de pluralisme.

C'est dans ce contexte que se déroula, en octobre 1936, «l'affaire Sarasola».

La Ligue canadienne contre la guerre et le fascisme avait organisé une tournée pan-canadienne d'une délégation espagnole en vue d'informer la population sur le nouveau gouvernement républicain d'Espagne. Au nombre des délégués figurait le père Sarasola, Franciscain espagnol. À Montréal, l'assemblée, organisée par Frank Scott, devait se tenir à l'Aréna Mont-Royal le 23 octobre 1936.

Mais la venue de cette délégation ne faisait pas que des heureux : Mgr Georges Gauthier, coadjuteur de Montréal et Léo McKenna, maire suppléant de Montréal, l'avaient dénoncée vigoureusement. Le jour où devait se tenir l'assemblée, des étudiants de l'Université de Montréal se rendirent auprès du président du comité exécutif de la ville de Montréal, pour l'inciter à empêcher la tenue de la réunion. M. Savignac prêta une oreille bienveillante à leurs arguments et se laissa convaincre : l'assemblée fut interdite.

Prévenu du contretemps, c'est en vain que le professeur Scott tenta de réserver une salle au Victoria Hall de Westmount. La réunion dut être contremandée.

Dans les jours qui suivirent, Frank Scott reçut une avalanche de lettres en provenance, non seulement de Montréal, mais aussi de provinces anglophones, et même des États-Unis; ces lettres, qui exprimaient une même indignation, pressaient le professeur de regrouper les protestataires en vue d'étudier les actions qu'il convenait de prendre.

Dès le lendemain de l'événement, une réunion était convoquée, portant sur la liberté d'expression. Plusieurs participants ayant exprimé l'avis qu'il était urgent de créer un mouvement pour la protection des libertés civiles, un comité d'organisation fut immédiatement formé. Des douze personnes qui le constituaient, une seule était francophone : Hubert Desaulniers, président provincial de la CCF.

Cette réunion fut suivie de quelques autres où furent débattues la question de l'extension territoriale qu'aurait le futur organisme, et celle de ses orientations idéologiques.

Cependant, dès le 17 mars suivant, le gouvernement Duplessis faisait adopter sa tristement célèbre «loi du Cadenas». Intitulée «Loi protégeant la province contre la propagande communiste», elle donnait pleins pouvoirs au procureur général de la province de Québec — en l'occurrence Maurice Duplessis lui-même — d'ordonner la fermeture d'une maison utilisée à des fins de propagande communiste ou la saisie de documents propageant cette doctrine. Le mot «communisme» n'étant par ailleurs défini nulle part dans le texte de la loi, la loi du Cadenas permettait au premier ministre et procureur général de s'en prendre à tout opposant politique.

L'adoption de cette loi eut pour effet d'éperonner les organisateurs du mouvement naissant. Le 12 avril 1937, ils mettaient la dernière main à la constitution de la Société canadienne des Droits de l'Homme — section de Montréal/ Canadien Civil Liberties Union — Montreal Branch.

Le nom choisi par les fondateurs pour désigner leur association témoignait de leur intention d'essaimer partout au Canada. Mais les politiques répressives fédérales, provinciales et municipales n'allaient pas leur en laisser le temps.

Dans son article 2, la constitution reconnaissait à la SDH les objectifs suivants : « maintenir les libertés traditionnelles et démocratiques de parole, de presse et de réunion, les droits du travail et autres droits civils, et (de) prendre tous les moyens légitimes pour y atteindre ». Au chapitre des moyens, l'organisme se proposait d'alerter l'opinion publique, d'exercer des pressions sur les gouvernements, et d'offrir une aide légale aux victimes des mesures répressives.

2. L'ENJEU DE LA LUTTE MENÉE PAR LA SDH

Les militants de la Société canadienne des Droits de l'Homme étaient des « libertaires », c'est-à-dire des partisans inconditionnels des libertés individuelles ; pour eux, mieux valait laisser diffuser un discours malsain en faisant confiance au discernement de la population que réprimer la liberté de parole. « Are we to allow Fascists and Communists to harangue crowds ? The answer is yes... » déclarait Frank Scott. Eugène Forsey et Hubert Desaulniers ne parlaient pas autrement.

Lutter pour la liberté d'expression sous le régime Duplessis était très impopulaire. La loi du Cadenas avait été adoptée à l'unanimité ; elle avait l'entier appui du clergé catholique. Et les partisans de cette loi invoquaient l'argument qu'il y va de l'intérêt de toute une société de se protéger contre les propagandes subversives.

C'est avec bien peu de moyens que les membres de la Société canadienne des Droits de l'Homme allaient tenter de contredire le discours dominant et lutter pied à pied

contre le pouvoir politique lui-même. En outre, certains
d'entre eux risquaient beaucoup de tracasseries, à une époque où une «mauvaise» allégeance politique pouvait entraîner de désastreuses conséquences (rétrogradation, congé-
diement, etc.)...

3. ORGANISATION

Au plus fort de la bataille qu'elle mena contre la loi du
Cadenas (fin 1938 — début 1939) la SDH réussit à recruter
jusqu'à un millier de membres individuels.

Ces personnes étaient montréalaises, majoritairement
anglophones et issues de la petite bourgeoisie ; la minorité
juive y était surreprésentée, ce qu'expliquent facilement la
poussée d'antisémitisme qui enfiévra les démocraties occi-
dentales durant les années 1930, et une tradition de militantisme dans les milieux juifs montréalais.

Quatre fois par année, les membres étaient convoqués
en assemblée générale, cependant qu'un comité exécutif,
au cours de sa réunion hebdomadaire, voyait au fonctionnement quotidien de l'organisme.

Le comité exécutif était ainsi composé (termes de lon-
gueur variable) :
- W.D. Lighthall, président honoraire
- Hubert Desaulniers, président
- Robert Calder, vice-président
- Raoul Trépanier, vice-président
- Raymond Boyer, vice-président
- D.T. Goodwin, secrétaire et trésorier
- Claire Bourgeois, secrétaire
- H.H. Parker, trésorier
- Agatha Chapman, trésorière
- Joseph K Mergler, conseiller juridique
- Reg. C. Harvey, conseiller juridique
- Harry Batshaw, conseiller juridique
- Samuel S. Colle
- Eugène Forsey
- Paul Fournier
- William Fraser
- Norman Lee

— Edmond Turcotte
— Campbell Ballantyne, secrétaire-exécutif.

Parallèlement à l'exécutif, un conseil d'aviseurs avait été créé pour éclairer ce dernier à l'occasion; ce conseil regroupait des professeurs, des médecins, des pasteurs, bref, «des personnes importantes, de dire Raymond Boyer, qui appuieraient sans jamais devenir actives dans le mouvement». Jean-Charles Harvey et Idola Saint-Jean étaient du nombre.

Au sein de l'exécutif, différentes tendances politiques se côtoyaient, et entre autres, des membres du parti CCF et du parti communiste, qui étaient nettement en opposition durant cette période. C'est qu'en 1935, le parti communiste avait opté pour la tactique du front uni avec les groupements réformistes — voire même libéraux — dans la lutte

Photo Andrews-Newton

Eugène Forsey

Passionné de politique depuis l'enfance, expert en matière constitutionnelle, Eugène Forsey quitta en 1941 l'enseignement à l'Université McGill où il était discriminé pour ses idées — il militait au sein de la CCF — pour devenir peu après directeur de la recherche au Congrès du Travail du Canada, poste qu'il occupa durant 24 ans, avant de diriger un projet d'histoire du mouvement syndical au Canada. Sénateur libéral de 1970 à 1979, il démissionna du Parti libéral du Canada en 1982 — il avait alors 78 ans — pour exprimer son désaccord avec l'enterrement par le gouvernement fédéral des recommandations du rapport McDonald sur la GRC et sa politique unilatérale de coupure des services à Via Rail.

Eugène Forsey fut membre de l'exécutif de la SDH de 1937 à 1941.

au fascisme. Quant à la CCF, condamnée, à l'instar du parti communiste, par les autorités cléricales québécoises, elle se sentait trop menacée par la loi du Cadenas et la montée du fascisme pour refuser de participer à la lutte, fût-ce aux côtés des communistes.

L'urgence qu'il y avait à constituer un front commun contre la répression fit en sorte que les divergences idéologiques entre les membres du C.E. ne firent jamais surface, et que la SDH put vivre dans l'harmonie sa courte existence.

L'impopularité de la cause que l'organisme menait le plaçait parfois devant des problèmes financiers importants : « Il est arrivé plusieurs fois, raconte Campbell Ballantyne, unique permanent de la SDH, que la caisse était vide ; je n'avais pas de paie à ce moment-là. »

La Société finançait ses activités principalement grâce aux cotisations des membres. La cotisation annuelle était de un (1) dollar, et il en coûtait vingt-cinq dollars (25$) pour devenir membre à vie.

Autre source de financement, imprévisible celle-là : les dons, anonymes le plus souvent, de la part de personnes que la loi du Cadenas inquiétait. « On recevait des dons assez considérables de gens, à Montréal, bien placés, des gens qui n'auraient jamais voulu que leur nom paraisse », de témoigner Raymond Boyer.

Mais ces revenus n'arrivaient pas à couvrir les coûts exorbitants des causes judiciaires, et la Société dut parfois demander aux membres une contribution supplémentaire.

En 1938, la SDH organisa une collecte dans le grand public : après avoir essuyé maints échecs, elle avait enfin réussi à amener devant les tribunaux une cause relative à la loi du Cadenas (la cause François-Xavier Lessard). La collecte rapporta 1500 $, somme suffisante pour payer le cautionnement de l'accusé et de son coaccusé, Joseph Drouin.

4. ACTIVITÉS

Durant les deux premières années de son existence (1937-1939), la SDH consacra presque toutes ses énergies à lutter contre la loi du Cadenas ; mais l'entrée en guerre du Canada en septembre 1939, et la défaite électorale de Maurice Duplessis le 25 octobre suivant, amenèrent le mouvement à modifier radicalement son tir.

À compter de l'automne 1939 et jusqu'à sa dissolution en 1941, la Société dénonça les effets abusifs des Règlements concernant la Défense du Canada, mis en application en vertu de la loi sur les mesures de guerre, et tenta de défendre les victimes de ces règlements.

Lorsque l'organisme eût porté sa lutte de la scène provinciale à la scène fédérale, il conserva les mêmes moyens d'intervention.

A) Propagande antifasciste

Pour alerter l'opinion publique au danger du fascisme, la Société canadienne des Droits de l'Homme organisa à quelques reprises de grandes assemblées publiques au cours desquelles des orateurs représentant différentes organisations haranguaient les participants. Les plus mémorables de ces assemblées sont les suivantes :

— une assemblée de protestation tenue le 18 novembre 1937 au Victoria Hall à Westmount, pour dénoncer la décision du maire de Montréal, Adhémar Raynault, d'interdire la tenue de trois réunions au cours du mois d'octobre précédent : l'une, organisée par des communistes le 22 octobre, avec comme orateur le député communiste français, Alfred Costes ; la seconde, prévue pour le 29 octobre, devant rassembler les Amis de l'Union soviétique ; enfin, la réunion de la Fédération des Sans-Travail, organisée pour le 31 octobre.

Au cours de l'assemblée de protestation, Robert Calder annonça qu'il allait engager une poursuite en dommages et intérêts contre la ville de Montréal.

— une assemblée publique au Marché Saint-Jacques le 22 novembre 1938, portant principalement sur la loi du Cadenas ; cette réunion, qui se déroula entièrement en français, s'adressait surtout aux membres des unions ouvrières.

grande assemblée

sous les auspices de la

Société canadienne des Droits de l'Homme

Mardi le 22 Novembre à 8.15

MARCHÉ ST-JACQUES

Coin Ontario et Amherst

AIDEZ-NOUS A DEFENDRE LES LIBERTES CIVILES

Venez Entendre

RAOUL TREPANIER,
président, Conseil des Métiers et du Travail de Montréal.

R. L. CALDER, C.R.,
vice-président, Société canadienne des Droits de l'Homme.

JEAN-CHARLES HARVEY,
éditeur, "LE JOUR".

PAUL FOURNIER,
membre de l'exécutif, Conseil des Métiers et du Travail de Montréal.

Mlle. CLAIRE BOURGEOIS,
membre de l'exécutif, Soc. can. des Droits de l'Homme.

RAYMOND BOYER,
membre de l'exécutif, Soc. can. des Droits de l'Homme.

HUBERT DESAULNIERS,
président, Société canadienne des Droits de l'Homme.

UNISSEZ-VOUS POUR DEFENDRE VOS DROITS

VENEZ EN FOULE.   Entrée Libre

Photo Jean-Pierre Joly, d'après archives de M. Frank R. Scott.

Convocation à l'une des rares assemblées publiques organisées entièrement en français par la SDH. (voir p. 25)

Les 18 et 19 mai 1940, se déroula à Montréal un Congrès national sur les Libertés civiles en temps de guerre, organisé par la SDH. Celle-ci y avait convié diverses organisations, des syndicats, des groupes religieux, des associations de femmes, la Ligue pour la Reconstruction Sociale, des organisations de jeunes, des associations de libertés civiles, etc., de toutes les parties du Canada. Ce congrès national fut la dernière activité d'envergure de la Société, et il obtint un succès considérable.

De façon générale, les membres de la SDH participaient à des assemblées plus modestes. Ainsi, ils étaient parfois invités à donner une causerie sur les droits et libertés dans une maison privée devant un groupe d'une vingtaine de personnes, ou dans une école, devant quelques professeurs et étudiants. L'avocat R.C. Harvey et Raymond Boyer prirent part fréquemment à ces « assemblées de cuisine ».

Les militants de la SDH ne se dérobaient à aucune tribune. Aussi les retrouvait-on fréquemment au nombre des orateurs lors de conférences organisées par des partis politiques, des associations étudiantes, des groupes de chômeurs, des unions ouvrières, des groupes de pression, etc.

Dans le but d'entraîner ses membres à la diffusion de la propagande antifasciste, le mouvement avait créé un comité qui avait pour fonction de recruter et former de futurs orateurs.

La Société canadienne des Droits de l'Homme émettait un Bulletin d'information d'environ quatre pages, qui décrivait ses activités et annonçait les événements à venir ; y figurait également le bilan des raids et saisies effectués en vertu de la loi du Cadenas, et en 1940, celui des arrestations opérées sous le coup des Règlements concernant la Défense du Canada.

En 1940, la SDH publia une brochure intitulée : *The War and Civil Liberties*, dont elle vendit ou distribua plus de 8 000 exemplaires en deux mois.

PUBLIC MEETING

UNDER THE AUSPICES OF

Canadian Civil Liberties Union

North End Committee

at

RIALTO HALL

5711 PARK AVENUE

THURSDAY, JAN. 26, 8.30 P.M.

MEMBERS!
BRING YOUR
FRIENDS —
LET THEM
HEAR WHAT YOUR
UNION IS DOING
TO DEFEND
CIVIL LIBERTY

SPEAKERS
R.L. CALDER, K.C.
HUBERT DESAULNIERS
JOSEPH K. MERGLER
R.A.C. BALLANTYNE

Photo Jean-Pierre Joly, d'après archives de Frank R. Scott.

Cette assemblée du 26 janvier 1939 était convoquée par un comité « régional » de la SDH.

Les autres comités que nous avons pu identifier sont : dactylographie, travail clérical, comité légal, distribution de littérature, comité de recrutement, comité dès finances, comité de femmes, comité de publicité, comité d'orateurs.

B) Pressions sur les gouvernements

En combattant la loi du Cadenas, la Société fut amenée à exercer des pressions sur les trois niveaux de gouvernement.

À deux reprises, durant l'automne 1937, elle envoya une délégation auprès du maire Raynault pour protester contre l'annulation d'assemblées. En janvier 1938, elle fit circuler une pétition à l'intention du maire, demandant le respect des lois concernant les assemblées publiques, et la protection requise contre la violence lors des assemblées légales.

Enfin le 18 janvier 1939, nouvelle délégation auprès des autorités municipales, cette fois pour protester contre les injustices de la Commission de Chômage à l'égard de certains sans-travail ; à cette occasion, la SDH remit au nouveau maire Camillien Houde, un mémoire énonçant ses recommandations.

Bien qu'elle entretînt peu d'espoir de fléchir le premier ministre du Québec, la Société fit circuler, début 1938, une pétition demandant à Maurice Duplessis le rappel de la loi du Cadenas ; dès février, la pétition rassemblait plus de 10 000 signatures.

Mais c'est le gouvernement fédéral — libéral — que la SDH mit le plus d'insistance à convaincre. Celui-ci avait en effet le pouvoir de désavouer la loi du Cadenas, ou de la référer directement à la Cour suprême pour en faire tester la constitutionnalité. Le pouvoir de désaveu ne pouvant s'exercer que dans un délai d'un an après réception du texte officiel de la loi, la Société concentra ses pressions sur le ministre fédéral de la Justice, Ernest Lapointe, durant l'année qui suivit l'adoption de la loi du Cadenas.

Début 1938, la SDH fit circuler une troisième pétition, destinée au gouvernement canadien et lui demandant de désavouer la loi ou de la référer à la Cour suprême. Cette pétition circula par tout le Canada et recueillit plus de 50 000 signatures originant de 180 groupes.

Pendant que circulait la pétition, la Société mobilisa les opposants à la loi du Cadenas dans l'organisation d'une délégation auprès du premier ministre Mackenzie King; mais ce dernier refusa de recevoir la délégation tant qu'une lettre expliquant cette démarche n'aurait pas été examinée par le ministre de la Justice.

Finalement, le 30 mars 1938, cinq délégués de la SDH furent admis à rencontrer le ministe Lapointe. Maurice Duplessis avait été convié, mais il avait décliné l'invitation...

De leur côté, voyant approcher l'échéance du délai de désaveu, les partisans du Cadenas inondèrent le ministre Lapointe de lettres l'exhortant à ne pas désavouer la loi. La Société Saint-Jean-Baptiste, les Chevaliers de Colomb, les Ligues du Sacré-Cœur, l'Action catholique, tous se dirent convaincus qu'il y allait de la survie de la civilisation chrétienne.

C'est le 6 juillet 1938 que le ministre fédéral de la Justice rendit publique sa décision de ne point désavouer la loi du Cadenas ni de la référer à la Cour suprême. Se fondant sur le fait qu'elle avait été votée à l'unanimité et que les protestations provenaient presque exclusivement des autres provinces, il conseilla aux opposants de saisir les tribunaux de la question de la constitutionnalité par le biais d'une action d'espèce.

Monsieur Lapointe s'était pourtant déclaré opposé à l'utilisation de mesures répressives pour combattre le communisme. Mais en prenant sa décision, pouvait-il oublier le rôle décisif que joue le vote du Québec dans la victoire ou la défaite du parti libéral fédéral?

Suivant le conseil du ministre de la Justice, la SDH se tourna donc vers les recours judiciaires.

C) Aide légale aux victimes des mesures répressives

Il n'était pas facile pour la Société d'amener les tribunaux à se prononcer sur la constitutionnalité de la loi du Cadenas : il s'agissait là en effet d'une législation qui, tout en

Ce n'est point LÉGAL...

Excepté dans le QUÉBEC...

Photo Jean-Pierre Joly, d'après archives de Frank R. Scott.

Durant le seul mois de septembre 1938, la SDH distribua plus de 5 000 copies de cette petite brochure. Le *Bulletin* d'octobre 1938 (no 6) annonce que 5 000 autres copies seront diffusées durant les prochaines semaines.

autorisant perquisitions, saisies et «cadenassage» de locaux, ne donnait lieu à aucun procès.

La SDH avait déjà essuyé maints revers judiciaires en tentant de poursuivre la Police Provinciale pour l'invasion des bureaux du journal communiste *Clarté*, la ville de Montréal pour l'annulation d'une assemblée des Amis de l'Union Soviétique, et le chef fasciste Gabriel Lambert pour avoir incité à l'émeute un groupe d'étudiants de l'Université de Montréal lors de la venue du député communiste français Alfred Costes.

Toutefois, elle avait enregistré une mince victoire en poursuivant le Colonel Piuze, chef de la Police Provinciale (PP) qui avait confisqué une automobile servant, disait-il, à distribuer des exemplaires de *Clarion* et *Clarté*: avant même que l'affaire soit entendue en cour, le procureur du gouvernement provincial avait restitué l'automobile à son propriétaire.

La Société canadienne des Droits de l'Homme crut avoir trouvé l'occasion idéale de faire tester la loi du Cadenas lorsque la police apposa un cadenas sur la porte de François-Xavier Lessard, militant communiste. Il fut convenu que celui-ci briserait le cadenas devant témoins, se rendant ainsi coupable d'une infraction pénale.

Fin octobre 1938, François-Xavier Lessard comparut devant le juge Roméo Langlais, qui refusa d'engager le débat sur la validité de la loi du Cadenas et le condamna à deux ans de prison.

La cause fut immédiatement portée en appel. Grâce à la campagne de levée de fonds qu'elle avait engagée, la SDH put payer le cautionnement et Lessard fut remis en liberté en attendant son deuxième procès.

L'affaire fut entendue le 1er mai 1939. Robert Calder, procureur de l'accusé, fit valoir qu'un communiste qui voudrait se porter candidat lors d'élections fédérales ne pourrait mener aucune campagne au Québec à cause de la loi du Cadenas. Mais il ne parvint pas à ébranler les juges de la

Cour d'Appel. Le 3 juin suivant, la Cour maintenait, dans un jugement unanime, la condamnation et la sentence.

Entre-temps, la Société avait entrepris une autre cause, grâce à laquelle elle espérait pouvoir enfin faire le procès de la loi du Cadenas elle-même. Muni Taub, organisateur syndical, militant communiste et Juif de surcroît, était poursuivi par son propriétaire, que la Police Provinciale avait mis en demeure le 22 janvier 1939 d'évincer Taub de son logis avec sa femme et son bébé.

L'affaire passa en Cour le 31 mai 1939; Robert Calder et Joseph K. Mergler assuraient la défense de l'accusé. Muni Taub fut trouvé coupable d'avoir violé la loi du Cadenas; il fut expulsé de son logis et condamné à payer 285 $ à son propriétaire. Le juge en chef Greenshields de la Cour supérieure déclara la loi du Cadenas intravires, constitutionnelle et valide.

C'est en vain que la SDH chercha un avocat prêt à plaider cette cause en appel; d'aucuns la jugeaient désespérée, d'autres demandaient des honoraires exorbitants. Enfin, septembre 1939 amena la guerre, et les énergies du mouvement furent monopolisées ailleurs.

Outre ces causes importantes, la Société engagea une infinité de batailles judiciaires qui ne firent pas systématiquement la manchette des journaux: manifestants antifascistes arrêtés, professeurs congédiés, militants dépouillés de leurs effets personnels sous le couvert de la loi du Cadenas, pacifistes accusés d'avoir distribué des pamphlets dénonçant la guerre, journaliste congédié par *The Gazette* pour activités syndicales, etc.

Beaucoup d'avocats militaient au sein de la SDH, ce qui explique l'importance qu'elle accorda à l'aide légale durant toute son existence. Outre les avocats du CE qui plaidèrent bénévolement la plupart des causes décrites ci-haut (Robert Calder, Joseph K Mergler, R.C. Harvey), plusieurs autres œuvrèrent au sein d'un comité légal qui avait pour tâches d'étudier les causes, évaluer leurs chances de succès et solliciter au besoin l'avis d'experts.

Mais l'heure n'était pas aux libertés civiles : la Société canadienne des Droits de l'Homme perdit toutes ses causes.

5. CONCLUSION

Les législations répressives donnent leur pleine mesure lorsqu'elles arrivent à museler les media. C'est ce qui se produisit au Québec sous la loi du Cadenas ; les multiples raids, saisies et arrestations effectués par la PP en vertu de cette loi étaient souvent connus dans les provinces anglophones avant de l'être au Québec.... lorsqu'ils l'étaient : car les media québécois passaient facilement ces événements sous silence.

De la même façon, les quotidiens francophones ne consacrèrent qu'exceptionnellement un court entrefilet aux activités de la SDH. Les quotidiens anglophones s'y arrêtèrent un peu plus souvent pour taxer de communisme ou, après septembre 1939, d'antipatriotisme, les militants de la Société.

C'est le nom de Robert Calder que les journaux citèrent le plus fréquemment en parlant de la SDH ; fougueux orateur, Calder était le porte-parole le plus visible du mouvement. C'est lui également que prenaient à parti les farouches défenseurs de la loi du Cadenas, tels Le Quartier Latin qui, sous la plume de Daniel Johnson (futur premier ministre du Québec), alla jusqu'à dénoncer le « calderisme ».

En plus de freiner la pénétration de la Société en milieu québécois, la loi du Cadenas fit en sorte que petit à petit les portes se fermèrent devant elle ; tout comme pour les organisations qu'elle défendait, il lui devint de plus en plus difficile de retenir des salles pour ses assemblées. À compter de 1940, une campagne de répression et d'intimidation dirigée contre les groupes de gauche entraîna une vague de démissions au sein du conseil consultatif et du conseil exécutif de la SDH. D'autres perdirent leur emploi pour avoir milité au sein de cet organisme ; par exemple, Agatha Chapman, employée de la compagnie d'assurances Sun Life, et Norman Lee, tous deux congédiés en juin 1940.

Lorsque «commencèrent les emprisonnements, raconte Campbell Ballantyne, (...) une ambiance de peur s'installa. Les membres de l'Union (SDH) étaient intimidés; ils se dispersèrent un à un. Ils ne se présentaient plus aux réunions, prétextant ceci ou cela: mais la vraie raison était la peur. Moi aussi d'ailleurs, j'avais très peur qu'on m'arrête; j'ai dû changer de domicile. En plus, il devenait très difficile d'avoir de l'argent; l'Union ne pouvait plus survivre ainsi.»

La Société s'éteignit définitivement en 1941, sans être jamais sortie de la marginalité. Si son message avait pu toucher une faible proportion de la petite bourgeoisie anglophone, par contre la classe ouvrière et tout le Québec francophone lui restèrent résolument fermés. Du moins l'existence de cet organisme nous apprend-elle que les mesures répressives des années 1930 ne firent pas l'unanimité au Québec...

LE COMITÉ OUVRIER JUIF
(1936-   )

1. ORIGINES

Le Comité Ouvrier Juif est d'origine américaine. Fondé en 1933 pour aider les victimes du nazisme, il conserva cet objectif lors de son implantation au Canada en 1936.

Les membres fondateurs du COJ canadien appartenaient au «Workman's Circle», organisation juive d'orientation social-démocrate où militaient plusieurs pionniers du mouvement syndical au Québec.

Durant la décennie 1930, l'antisémitisme gagnait du terrain au Canada, et plus particulièrement au Québec; et depuis l'Europe arrivaient des nouvelles alarmantes sur les persécutions dont les Juifs étaient victimes là-bas. Le COJ naissant lança un appel à la résistance au fascisme et au nazisme, adressé aux Juifs et aux non-Juifs « attachés aux libertés démocratiques et aux valeurs humaines. »

C'est donc à une lutte idéologique et politique que le mouvement consacra les premières années de son existence. Puis la guerre éclata, et il s'employa alors à soutenir les mouvements de résistance en Europe.

Après la guerre, le Comité Ouvrier Juif mobilisa ses ressources en vue de délivrer les Juifs des camps de réfugiés et les aider à reprendre une vie normale; durant les années 1947, '48 et '49, il organisa avec le gouvernement fédéral leur admission en terre canadienne.

2. DÉVELOPPEMENT

En 1946, Kalmen Kaplansky entrait en fonction comme directeur national du COJ. À cette époque, l'horreur du génocide nazi était connue, et les Juifs du monde entier partageaient la même indignation et la même peur.

La tâche qui attendait Kalmen Kaplansky n'était pas mince: éduquer la population au respect des minorités, faire passer dans les mœurs l'horreur du racisme, et amener la majorité à prendre elle-même à sa charge l'intégration des minorités.

La première étape consistait à chercher des appuis. En effet, l'antisémitisme était encore virulent chez nous: le Canada avait démontré une incroyable mesquinerie dans ses politiques d'immigration à l'égard des réfugiés juifs depuis 1933, — année de l'accession de Hitler à la Chancellerie de l'Allemagne — n'admettant que 5 000 d'entre eux, qui étaient des millions. Aussi le COJ eût-il été mal avisé de lancer isolément des messages d'incitation à la tolérance.

Kalmen Kaplansky s'assura la collaboration de différentes associations de libertés civiles, du Congrès Juif Cana-

Kalmen Kaplansky.

Kalmen Kaplansky était typographe et militant syndical lorsqu'on lui demanda d'assumer la direction nationale du Comité Ouvrier Juif, poste qu'il ne devait occuper que d'une façon passagère, pour réaliser un projet; il y demeura néanmoins de 1946 à 1957 et depuis, il occupa toujours des fonctions reliées à la promotion des droits et au mouvement syndical: directeur du département des Affaires internationales et secrétaire du Comité des droits de l'homme du Congrès du Travail du Canada, puis directeur de la section canadienne du Bureau International du Travail.

Retiré depuis 1981, il est boursier principal du Centre de recherche et d'enseignement sur les droits de la personne, à l'Université d'Ottawa.

dien, et de quelques groupes religieux. Mais c'est surtout avec le monde syndical qu'il créa les alliances les plus fertiles et les plus stables: étant le milieu le plus susceptible, de par sa vocation contestataire, de diffuser — ou à tout le moins de laisser diffuser — un discours inédit comme celui du COJ, le monde syndical constituait en outre le medium d'intégration le plus important pour les immigrants.

Ces alliances avec les unions ouvrières furent grandement facilitées par l'importance du membership juif au sein de plusieurs d'entre elles, notamment: l'Union Internationale des Ouvriers du Vêtement pour Dames, les Travailleurs Amalgamés du Vêtement d'Amérique, l'Union Internatio-

nale des Chapeliers et Casquettiers Unis, et l'Union Internationale des Travailleurs en Boulangerie et en Confiserie
d'Amérique.

Dès 1946, le COJ s'attacha à mettre sur pied des comités
au sein des syndicats «internationaux». Étant donné la duali-
té structurale de ceux-ci, les comités créés étaient adminis-
trés conjointement par des représentants des unions de métiers et des syndicats industriels. Ils portaient le nom de:
«Comités conjoints du Travail contre l'Intolérance Raciale»/«Joint Labor Committees against Racial Discrimination». En 1947, Winnipeg, Montréal et Toronto possédaient
un comité conjoint doté d'une permanence; puis, quelques
années plus tard, Vancouver et Windsor.

Le comité conjoint de Montréal était sous les auspices
du Conseil des Métiers et du Travail de Montréal, affilié au
Congrès des Métiers et du Travail du Canada (AFL), et du
Conseil du Travail de Montréal, affilié au Congrès Canadien
du Travail (CIO). Après la fusion des deux conseils montréalais en 1957, le comité conjoint devint le «Comité ouvrier
pour la défense des Droits de l'Homme», sous la responsabilité du Conseil du Travail de Montréal.

En plus des comités conjoints organisés au niveau local,
un comité interne fut créé à l'échelle nationale au sein de
chacune des deux grandes centrales canadiennes. Celui du
Congrès des Métiers et du Travail du Canada, fondé en
1944, se nomma «Comité permanent contre la discrimination raciale», tandis que celui du Congrès Canadien du Travail, fondé en 1947, avait pour nom «Comité des Droits de
l'Homme». En janvier 1954, soit deux ans avant la fusion des
deux centrales, ces comités internes furent regroupés en un
seul: le «Comité canadien des Droits de l'Homme.»

3. IDÉOLOGIE

L'infrastructure étant établie au sein des unions ouvrières, le Comité Ouvrier Juif put entreprendre sa tâche de
sensibilisation aux dangers du nazisme et du fascisme. Le
message diffusé par les comités syndicaux établissait

d'abord que le racisme existe, même au Canada; puis, faisant appel, non pas à la charité ou aux bons sentiments, mais à la simple prise de conscience du fait que la discrimination crée des problèmes sociaux, politiques et économiques qui finissent par se refléter sur le bien-être de toute la société, il concluait que l'intérêt même des syndicats était de promouvoir l'égalité. Car à travers les minorités, répétait-il sans relâche, ce que le fascisme vise véritablement, c'est le mouvement ouvrier.

Comment instaurer l'égalité? Le COJ comptait recourir à deux grands moyens:
— l'amélioration de la législation
— l'éducation — sensibilisation du public.

4. ACTIVITÉS

A) Amélioration de la législation

Les militants du Comité Ouvrier Juif étaient unanimes à croire qu'il est possible, en changeant les lois, de faire évoluer les mentalités dans le sens du respect des minorités.

Une fois acquises les lois appropriées, on peut établir une bonne jurisprudence par des «causes types», sur lesquelles on attire l'attention du public.

L'une des premières étapes de la lutte que devaient mener les syndicats consistait donc à faire pression sur les gouvernements pour obtenir des lois interdisant la discrimination. Les comités intrasyndicaux (comités conjoints, comités nationaux) s'employèrent d'abord à faire adopter par les congrès syndicaux les principes de base de la lutte pour l'égalité.

C'est ainsi qu'en 1948, les congrès des deux grandes centrales adoptaient le principe des «justes méthodes d'emploi», qui établit l'égalité dans l'emploi de tous les citoyens.

Cette résolution fut ensuite présentée avec les autres revendications ouvrières lors de la rencontre annuelle des centrales avec le cabinet fédéral. Le COJ était présent à cette réunion, par le biais des comités conjoints et nationaux; Kalmen Kaplansky lui-même rencontra le cabinet fédéral en compagnie des dirigeants ouvriers à compter de 1946.

Les pressions conjointes du COJ et des syndicats visaient les trois paliers de gouvernement; cependant, durant les premières années, on mit plus d'insistance à convaincre la législature ontarienne, comptant sur l'effet d'entraînement qu'aurait une initiative de l'importante province d'Ontario.

Le COJ avait visé juste: en juin 1951, l'Ontario adoptait une loi sur les «Justes Méthodes d'Emploi» (Fair Employment Practices). Le 1er juillet 1953, le gouvernement fédéral suivait l'exemple; dès 1956, le Manitoba, la Nouvelle-Écosse et le Nouveau-Brunswick se dotaient d'une législation semblable; en 1957, c'était au tour de l'Alberta et de la Colombie britannique; quant à la Saskatchewan, elle avait adopté en 1947 une loi des droits de l'homme où figuraient des articles interdisant la discrimination.

Le Québec s'ajouta à la liste en 1964 et l'île du Prince-Édouard, en 1969. Quant à la province de Terre-Neuve, elle attendit la décennie 1970 pour adopter une loi interdisant la discrimination dans l'emploi.

En plus de s'intéresser à la législation sur l'emploi, le COJ passait au peigne fin différentes lois pouvant comporter des articles discriminatoires. Confrontés à l'évidence, la plupart des gouvernements ne pouvaient que s'incliner. C'est ainsi que la législation fut progressivement purgée de ses clauses racistes.

* * *

Lorsqu'une loi antidiscriminatoire était enfin obtenue, la bataille n'était pas terminée pour autant; l'étape suivante consistait à la mettre à l'épreuve pour établir une jurisprudence efficace. Parmi une multitude de griefs, un cas évident de racisme était choisi pour être porté devant les tribunaux. Ressources humaines et financières étaient alors mobilisées en vue de se rendre jusqu'à la Cour Suprême si nécessaire.

Durant les années 1950, quelques cas types de discrimination à l'endroit de Noirs furent portés devant les tribunaux par l'action conjointe du COJ et des comités syndicaux (conjoints et nationaux). Chaque cas fut entouré d'une abondante publicité visant à informer les citoyens que le racisme existe, ainsi que des lois pour le contrer.

*   *   *

Parallèlement à l'étude des cas types, le COJ et les comités syndicaux menaient enquête auprès des employeurs et autres instances concernés par les lois antidiscriminatoires, sur l'application qui était faite de ces lois. Les données étaient compilées en dossiers.

En 1957 par exemple, le Comité conjoint du Travail contre l'Intolérance Raciale de Montréal rendait publics les résultats d'une enquête effectuée auprès de neuf banques pour vérifier si la teneur de leurs formules de demande d'emploi était conforme à la loi fédérale des Justes Méthodes d'Emploi. Dans un cas d'infraction, le Comité porta plainte auprès du Ministère fédéral du Travail.

B) Éducation — sensibilisation du public

Parallèlement au lobbying visant à améliorer la législation, une vaste campagne d'éducation et de sensibilisation fut entreprise.

Le Comité conjoint du Travail contre l'Intolérance Raciale de Montréal organisa annuellement, durant la décennie 1950, une conférence ouvrière sur les relations humaines, avec la collaboration du Centre de Recherches en Relations Humaines de l'Université de Montréal.

En 1953, le COJ et les comités syndicaux fondèrent l'École ouvrière en Relations Humaines qui, sous le patronage du Comité conjoint du Travail de Montréal, dispensait

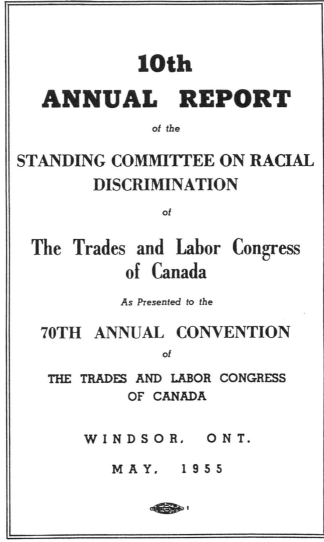

10th
ANNUAL REPORT

of the

STANDING COMMITTEE ON RACIAL DISCRIMINATION

of

The Trades and Labor Congress of Canada

As Presented to the

70TH ANNUAL CONVENTION

of

THE TRADES AND LABOR CONGRESS OF CANADA

WINDSOR, ONT.

MAY, 1955

Photo Jean-Pierre Joly.

Le rapport du Comité Permanent sur la Discrimination Raciale du CMTC faisait principalement état des succès et des problèmes rencontrés dans la surveillance de l'application des législations fédérale et provinciales sur les Justes Pratiques d'Emploi.

aux travailleurs organisés des cours traitant des droits de
l'homme, des préjugés, de l'intégration des Néo-Canadiens,
des pays sous-développés et sujets connexes. Parmi les conférenciers invités :

— Pierre Elliott Trudeau, conseiller juridique de syndicats
  ouvriers ;
— Frank Scott, professeur de droit à l'Université McGill ;
— Eugène Forsey, directeur des recherches au Congrès canadien du Travail.

De 1953 à 1956, le Comité canadien des Droits de
l'Homme collabora avec le ministère fédéral du Travail pour
organiser la diffusion d'une série d'émissions radiophoni-
ques sur la loi des Justes Méthodes d'Emploi ; ces émissions
étaient animées par Kalmen Kaplansky et des représentants
des comités conjoints, et diffusées par 81 postes de langue
anglaise et 26 de langue française.

Enfin, en 1946, le COJ fonda une publication mensuelle
et bilingue : les *Rapports ouvriers canadiens*. Tirée à 3 000
exemplaires anglais et 800 exemplaires français, elle était
distribuée à toutes les unions locales canadiennes et servait
de lien entre les comités conjoints.

5. CONCLUSION

La lutte à la discrimination menée par les comités syndicaux durant les décennies 1940 et 1950 et le début des années 1960, fut financée pour une bonne part par le Comité
Ouvrier Juif.

Le monde syndical se montrait parfois réticent à allouer
des ressources à la lutte pour l'égalité. Mais pour le COJ, il
était indispensable que cette lutte soit identifiée au programme du mouvement ouvrier pour en assurer le succès ;
d'où son important soutien financier aux comités syndicaux.

Certains chiffres sont révélateurs. La publication du
gouvernement fédéral *Voici vos Droits* donne la liste des organisations qui offrirent une aide légale dans les cas de dis-

crimination portés devant les tribunaux durant les années
1950 :
- le Comité Ouvrier Juif ;
- le Congrès Juif Canadien ;
- les Comités conjoints de Montréal, Toronto, Windsor, Vancouver et Winnipeg.

Il n'est donc pas exagéré de conclure que la communauté juive canadienne a assumé la plus grande part de responsabilité dans la lutte à la discrimination au Canada durant les années 1940 et 1950.

Quant au COJ, même s'il n'est pas parvenu à déraciner le racisme, — y parvient-on jamais ? — à tout le moins a-t-il réalisé l'un de ses objectifs : nettoyer la législation de ses clauses discriminatoires. De plus il a, par son travail, grandement contribué à rendre le racisme odieux aux yeux d'une bonne partie de la population.

L'existence et le succès du Comité Ouvrier Juif constituent l'exemple remarquable d'une minorité qui, menacée, prend le parti d'éduquer la majorité à la tolérance.

*   *   *

Jusqu'à 1964, les efforts du COJ étaient restés vains au Québec, du moins en ce qui concerne la législation. En 1964, ce mouvement fut l'un des principaux instigateurs de la fondation du Comité pour la Défense des Droits de l'Homme, lequel constituait la version québécoise du Comité Ouvrier Juif. Ce dernier continua d'exister jusqu'à aujourd'hui mais au Québec, il laissa au CDDH l'avant-scène de la lutte à la discrimination pour se spécialiser davantage dans les questions juives et la lutte à l'antisémitisme.

LE COMITÉ POUR LA DÉFENSE
DES DROITS DE L'HOMME
(1964-1975)

1. ORIGINES

Alors que durant la décennie 1950, la plupart des provinces anglophones avaient donné suite aux requêtes du Comité Ouvrier Juif et des comités syndicaux, le Québec, sous la coupe de Maurice Duplessis, s'y était montré particulièrement réfractaire; pourtant, c'est à Montréal, où il avait son siège social, que le COJ avait mené les plus importantes de ses activités.

Il devenait donc nécessaire de concentrer les efforts au Québec, et d'élargir et diversifier le front des groupes revendicateurs. C'est le Comité ouvrier pour la Défense des Droits de l'Homme de Montréal (anciennement Comité conjoint du Travail contre l'Intolérance Raciale de Montréal, sous la responsabilité du Conseil du Travail de Montréal), qui, à l'instigation du COJ, en prit l'initiative.

En 1962, le Comité ouvrier pour la Défense des Droits de l'Homme, alors présidé par Louis Laberge, convoqua une vingtaine d'organismes qui s'étaient montrés disposés à appuyer sa requête pour obtenir une législation provinciale contre la discrimination dans la vie publique. À l'ordre du jour de cette assemblée: l'adoption d'un mémoire, et l'organisation de sa présentation au gouvernement.

Le mémoire fut soumis au premier ministre Jean Lesage le 4 février 1963, mais la rencontre n'eut pas les résultats escomptés. Convoquées à nouveau, les associations signataires décidèrent de poursuivre leur campagne jusqu'à l'adoption par le gouvernement du Québec d'une Déclaration provinciale des droits de l'homme; jugeant nécessaire de se donner une structure permanente, elles élirent un «Comité des Dix», chargé de rédiger la constitution et de préparer un plan de travail. Les organisations suivantes constituaient le Comité des Dix :

— Fédération des Travailleurs du Québec (Roger Provost) ;
— Confédération des Syndicats Nationaux (Jean Marchand) ;
— Office d'action sociale de l'Archevêché de Montréal (Jean-Marie Lafontaine, ptre) ;
— Comité Ouvrier Juif (Michael Rubinstein) ;
— Negro Community Center (Alvin Johnson) ;
— Mouvement laïque de langue française (Jacqueline Dumont) ;
— Association des Nations Unies (David Franklin) ;
— Église Anglicane (D.A.M. Mac Laren) ;
— Comité Ouvrier pour la Défense des Droits de l'Homme (Gérard Rancourt) ;
— Travailleurs Amalgamés du Vêtement d'Amérique (Harry Lautman).

Entre-temps, le Comité ouvrier pour la Défense des Droits de l'Homme avait enregistré une mince victoire : suite à ses pressions, le gouvernement Lesage avait accepté, en mars 1963, de retarder l'étude d'un projet de refonte de la loi de l'hôtellerie, pour donner l'opportunité au Comité de présenter la clause antidiscriminatoire qu'il souhaitait y voir insérer. Le projet de loi qui fut adopté ensuite avait été amendé de façon à répondre, du moins en bonne partie, aux vœux du Comité ouvrier pour la Défense des Droits de l'Homme.

À l'époque où se déroulaient ces événements, la Ligue des Droits de l'Homme était en formation ; et avant même le congrès de fondation (le 29 mai 1963), le conseil d'administration provisoire de la LDH se pencha sur le projet de loi no 7 concernant l'hôtellerie, et en fit l'objet de sa première intervention : par voie de lettre recommandée, il demanda un amendement au projet de loi.

En novembre 1963, le Comité des Dix déposait un projet de constitution, et le 4 mars 1964 avait lieu le congrès de fondation du Comité pour la Défense des Droits de l'Homme. Les 48 délégués représentant 17 associations adoptèrent la constitution du C.D.D.H. qui, à l'article 1, stipulait :

> «Le comité a pour but de promouvoir l'égalité complète pour tous les citoyens sans distinction de couleur, de race, d'origine, de sexe, de croyance ou de religion.»

Secrétariat:
4848, BOUL. ST-LAURENT
MONTRÉAL, P.Q.
VICTOR 2-4129

Comité pour la Défense des Droits de l'Homme
United Council for Human Rights

CONSTITUTION

1. Buts

Le Comité a pour but de promouvoir l'égalité complète pour tous les citoyens sans distinction de couleur, de race, d'origine, de sexe, de croyance ou de religion.

2. Moyens d'action

Le Comité mène des enquêtes sociologiques et fait des recherches sur les problèmes de discrimination. Il se charge de présenter des mémoires au Gouvernement et au Législateur afin d'obtenir les meilleures lois possibles en ces matières, notamment dans le domaine de l'embauche, du logement et des services, de la rémunération égale du travail des femmes.

De plus, le Comité fait de l'éducation civique sur les droits de l'homme par tous les moyens usuels de communication comme la presse, la radio, la télévision. Le Comité

CONSTITUTION

I. Aims and objects

The aims of the United Council for Human Rights shall be to promote complete equality of all citizens without distinction of race, origin, colour, sex, creed or religion.

2. Activities

The United Council, to acheive its aims, will carry on surveys, investigations and research into the problems of discrimination. It will also prepare for presentation to the government and legislative bodies briefs designed to obtain the enactment and enforcement of appropriate legislation to eliminate discrimination, and more especially, in the fields of employment, various types of accomodation and services, as well as in the field of equal pay for women for equal work. The United Council will also carry on educational programs by all means of communication, such as press, radio, television, lec-

Photo Jean-Pierre Joly.

Les objectifs et les moyens d'action du Comité pour la Défense des Droits de l'Homme étaient en filiation étroite avec ceux du Comité Ouvrier Juif.

Tout comme le COJ, le CDDH était un comité-para-pluie, regroupant des organisations et non des individus. Et les moyens qu'il entendait utiliser : amélioration de la législation par des mémoires, recherches et enquêtes, éducation civique sur les droits de l'homme, recouvraient à peu de choses près, ceux du Comité Ouvrier Juif.

2. OBJECTIFS

Au début des années 1960, il n'était plus inusité de parler de droits dans un Québec qui vivait sa Révolution tranquille. Mentionnons également que le gouvernement fédéral venait d'adopter la Déclaration canadienne des Droits, laquelle toutefois n'était qu'une déclaration de principe non assortie d'une Commission chargée de la faire appliquer.

Le Comité pour la Défense des Droits de l'Homme héritait donc d'une tâche plus facile que ne l'avait eue avant lui le Comité Ouvrier Juif : faire prendre conscience, non plus des dangers du nazisme et du fascisme, mais du fait que les droits nouvellement reconnus, ou en voie de l'être, doivent l'être pour tous.

Tout au long de son existence, le CDDH réclama l'adoption d'un Code des Droits de l'Homme et la création d'une Commission permanente chargée d'en surveiller l'application.

Le Code réclamé devait d'abord établir le principe de l'égalité de tous les citoyens ; puis, faisant l'inventaire de tous les domaines où peut se pratiquer la discrimination (emploi, hôtellerie, logement, services et commodités publics, littérature et publicité), il énonçait des mesures prohibitrices propres à chacun d'entre eux.

Le Comité pour la Défense des Droits de l'Homme concentrait donc ses efforts sur les minorités, et les droits qu'il souhaitait leur voir reconnaître étaient les droits individuels traditionnels.

3. ACTIVITÉS

A) Amélioration de la législation

À plusieurs reprises après sa fondatiton, le CDDH organisa des délégations auprès du gouvernement, chargées de soumettre un mémoire réclamant un Code et une Commission ; c'est ainsi que le Comité rencontra successivement :

- le 30 septembre 1965, Paul Gérin-Lajoie, alors ministre de l'Éducation et premier ministre intérimaire ;
- le 4 novembre 1966, soit après l'élection d'un nouveau gouvernement, Maurice Bellemare, ministre du Travail et Gabriel Loubier, ministre du Tourisme ;
- le 14 février 1969, Armand Maltais, solliciteur général du Québec ;
- le 30 juin 1970, Jérôme Choquette, ministre libéral de la Justice nouvellement élu ;
- le 24 août 1972, de nouveau Jérôme Choquette.

Le CDDH émit également quelques communiqués de presse pour rappeler au gouvernement Bourassa sa promesse d'une législation sur les droits. Enfin, le 2 décembre 1972, il organisa une Conférence provinciale pour un Code des Droits de l'Homme, à laquelle furent conviés Jérôme Choquette et Louis Marceau, alors protecteur du citoyen. Assistaient à cette conférence 46 organisations (la Ligue des Droits de l'Homme y était) dont 22 représentant des groupes ethniques.

Le Comité pour la Défense des Droits de l'Homme surveillait les législations et règlements des trois niveaux de gouvernement, et il lui arriva d'intervenir auprès de chacun d'eux pour réclamer des amendements antidiscriminatoires. En février 1967, il présenta un mémoire au comité spécial et conjoint du Sénat et de la Chambre des Communes sur les questions de l'immigration : le mémoire fut jugé d'un tel intérêt que l'étude du projet de loi en Chambre fut suspendue jusqu'à ce que les députés aient pu en prendre connaissance.

B) Recherches et enquêtes

La législation antidiscriminatoire se limitant, au niveau provincial, à quelques clauses rarissimes, le CDDH ne pouvait faire entendre des causes types devant les tribunaux comme l'avait fait le COJ durant la décennie précédente dans d'autres provinces.

Lorsqu'une plainte d'un particulier lui parvenait, le Comité menait d'abord une enquête pour en vérifier la véracité et l'étendue de la discrimination. S'il s'agissait d'un cas isolé, il tentait de solutionner le conflit par la persuasion, la dénonciation publique étant le dernier recours. Le CDDH fut ainsi amené à traiter des problèmes d'immigrants — les Haïtiens plus spécialement — et groupes ethniques minoritaires, de femmes, de personnes âgées, et d'Indiens et Esquimaux du Québec.

Lorsqu'il s'agissait d'un cas collectif, le Comité menait une enquête poussée qui aboutissait à l'élaboration d'un solide dossier; une fois diffusé, ce dossier constituait un excellent moyen de pression sur l'opinion publique et, par là, sur le pouvoir politique. C'est ainsi que le CDDH mena une enquête sur les politiques de logement des universités montréalaises envers les étudiants étrangers; sur les pratiques des compagnies aériennes concernant le renvoi des hôtesses qui se mariaient; enfin sur les feuilles d'impôt adressées par la Communauté Urbaine de Montréal aux propriétaires, et qui faisaient mention de l'origine religieuse de ceux-ci.

C) Éducation civique sur les droits de l'homme

Ce troisième volet des activités du Comité est étroitement lié aux deux précédents: les communiqués et les dénonciations publiques dont il est fait mention ci-haut visaient à informer la population sur ses droits et libertés et la sensibiliser aux injustices.

Le CDDH publiait un Bulletin dans lequel il décrivait et dénonçait des cas de discrimination qu'on lui avait rapportés. En outre, au moins jusqu'en 1967, il tint dans *Le Petit*

Journal une rubrique hebdomadaire intitulée «Réclamez vos droits», dans laquelle il traitait de certains cas de discrimination et de violation de droits, et donnait des conseils.

En décembre 1965, le Comité organisa, en collaboration avec l'Association des Nations Unies ((organisme membre du CDDH), un panel sur les Droits de l'Homme auquel furent invités les conférenciers suivants:

— Me Jacques-Yvan Morin, professeur à la faculté de droit de l'Université de Montréal;

— le juge Henry Batshaw, président du Comité des Droits de l'Homme de l'Association Internationale de Droit;

— M. Jacques Brazeau, directeur du département de sociologie de l'Université de Montréal.

Initiative qui se situe dans la lignée des conférences annuelles organisées par le Comité conjoint du Travail contre l'Intolérance Raciale de Montréal dans les années 1950.

4. INFLUENCES PRÉDOMINANTES AU SEIN DU CDDH

La plupart des organisations membres du Comité pour la Défense des Droits de l'Homme appartenaient à l'une ou l'autre des catégories suivantes:

— Mouvements ouvriers;

— mouvements étudiants;

— associations ethniques;

— associations religieuses;

— mouvements humanitaires.

Cependant, deux d'entre elles jouèrent un rôle de leadership au sein du Comité, du moins durant les années 1960: la FTQ et le COJ.

On sait que l'initiative de regrouper des associations intéressées à la lutte à la discrimination avait été prise par le Comité ouvrier pour la Défense des Droits de l'Homme, organisme du Conseil du Travail de Montréal (FTQ); lorsque fut fondé le CDDH en 1964, c'est le président du Comité ouvrier à cette époque, Gérard Rancourt, qui fut élu à la présidence. M. Rancourt conserva son poste jusqu'en 1970, année où Louis Laberge le remplaça. Le poste-clé du CDDH fut donc occupé par la FTQ en toute exclusivité depuis sa fondation jusqu'à sa dissolution.

Quant au Comité Ouvrier Juif, il partageait avec le mouvement syndical une bonne part du financement du CDDH; en outre, le Comité pour la Défense des Droits de l'Homme logeait à la même adresse que le COJ: 4848, boulevard Saint-Laurent, puis 5165, rue Isabella. Enfin, un coup d'œil aux objectifs du CDDH et aux initiatives menées par lui durant les années 1960 suffit pour se convaincre de l'influence du COJ dans la détermination de ses orientations.

5. LE CDDH ET LA LIGUE DES DROITS DE L'HOMME

Fondés vers la même époque et portant un nom qui sans doute les fit fréquemment prendre l'un pour l'autre, le Comité pour la Défense des Droits de l'Homme et la Ligue des Droits de l'Homme avaient pourtant bien peu en commun.

Alors que le conseil d'administration du CDDH réunissait des représentants du mouvement syndical et de minorités susceptibles de souffrir de discrimination, celui de la LDH rassemblait des élites «autochtones» ne représentant qu'elles-mêmes, et généralement peu menacées de souffrir des violations de droits dont elles s'occupaient.

Le Code des Droits de l'Homme que réclamait le premier reflétait sa préoccupation pour les droits des minorités; tandis que la seconde voulait protéger tous les droits de l'homme et demandait une charte moins restrictive. Cependant, durant les années 1960, les deux organismes luttèrent exclusivement pour les droits individuels traditionnels.

Les différences profondes qui les séparaient n'empêchèrent pas le CDDH d'approcher la Ligue à plusieurs reprises, d'abord pour solliciter son adhésion, puis, en 1966 et en 1967, pour lui proposer de fusionner secrétariats et activités. En effet, l'annexion de cet organisme prestigieux qu'était la Ligue des Droits de l'Homme à l'époque, en élargissant la faible proportion de la représentation «autochtone» au sein du CDDH, aurait considérablement accru le poids de ses revendications.

Mais la Ligue des années 1960 tenait jalousement à son indépendance. Aussi, malgré une situation financière précaire, repoussa-t-elle toujours catégoriquement l'idée d'une affiliation ou d'une annexion, se disant par contre disposée à collaborer à l'occasion avec le CDDH.

Certains militants, cependant, ne voyaient aucun inconvénient à œuvrer simultanément au sein des deux organismes; peut-être y trouvaient-ils une certaine complémentarité. Ainsi par exemple, Gérard Rancourt et Richard Leslie siégèrent en même temps aux deux conseils d'administration; Bernard Landry fut en 1964 secrétaire du CDDH en formation et membre du C.A. de la L.D.H.; et le docteur Henry Morgentaler, partisan de la fusion CDDH — LDH alors qu'il siégeait au conseil d'administration de la Ligue en 1966 et en 1967, représentait le Workman's Circle lors de l'assemblée de fondation du CDDH.

La «révolution» qui secoua la Ligue des Droits de l'Homme en 1972, creusa davantage le fossé qui séparait les deux organismes. Appelé à commenter le projet de Charte des Droits et Libertés préparé par la Ligue en 1973, le CDDH, alors devenu le Conseil Uni des Droits de l'Homme, le critiqua sévèrement, lui reprochant surtout d'y aborder le problème de la langue, et «d'une façon qui est en contradiction avec l'esprit des droits de l'homme.»

6. LE CDDH ET LA CSN

La CSN était membre du conseil d'administration du CDDH; Jean Marchand et Gérard Picard, entre autres, la représentèrent à cette instance. À ce titre, la centrale était fréquemment sollicitée pour participer aux différentes délégations, réunions, cérémonies, etc., organisées par le Comité.

Mais la CSN ne montrait pas plus d'enthousiasme qu'il ne faut à répondre aux invitations, qu'elle laissait souvent sans réponse. La prépondérance de la centrale rivale au CDDH n'y était sans doute pas étrangère; de plus, la CSN recrutant traditionnellement beaucoup moins d'adhérents parmi les minorités ethniques que la FTQ, on ne saurait s'étonner de ce que les droits des minorités n'aient pas figuré au rang de ses priorités.

Mais il y a plus. À compter de 1966, la CSN amorça un virage idéologique important qui allait marquer en profondeur ses orientations futures : elle élabora un projet de société à la fois socialiste et nationaliste.

En 1970, lors de son 12 ème Congrès, le Conseil central de la CSN adopta un document choc : la « Charte des Droits de l'Homme pour l'État libre du Québec », qui reconnaissait à tous et toutes l'exercice des droits politiques, civils, économiques et sociaux, des libertés personnelles, des libertés publiques ; qui prohibait la discrimination, énonçait le droit à l'union libre, à l'objection de conscience, abolissait la peine de mort, établissait la neutralité des écoles publiques, protégeait l'individu contre les abus de pouvoir des autorités administratives (commissions, régies, etc). Le dernier article stipulait que cette charte était fondamentale, c'est-à-dire que ses dispositions l'emportaient sur toute loi.

L'un des auteurs de cette charte, Jacques Desmarais, siégeait au comité exécutif de la Ligue des Droits de l'Homme en 1974-75, lorsque le gouvernement Bourassa déposa son projet de loi no 50 sur les droits et libertés de la personne.

7. LA FIN DU CDDH

Lorsque, le 14 avril 1973, l'assemblée générale du comité pour la Défense des Droits de l'Homme décida de changer le nom de CDDH pour celui de Conseil uni des Droits de l'Homme — estimant le nom « Conseil » plus approprié que celui de « Comité » pour désigner un regroupement d'une cinquantaine d'organisations — le président, Louis Laberge, était absent : il purgeait une sentence d'emprisonnement en compagnie des deux autres leaders syndicaux, Marcel Pépin et Yvon Charbonneau.

La force des événements avait amené le CDDH à outrepasser le mandat qu'il s'était initialement donné : en mai 1972, il s'était porté à la défense de la grève des fonctionnaires ; en février 1973, il avait demandé la libération des chefs syndicaux emprisonnés, en qualifiant de fondamentaux les droits d'association, de grève et de lutte pour améliorer ses conditions de vie et de travail.

Malheureusement, l'existence du Conseil uni des Droits de l'Homme fut de courte durée ; ses activités ralentirent progressivement, puis il s'éteignit définitivement en 1975, pour des raisons qui restent à élucider. Des conflits internes, le départ de militants importants, ainsi que la création par la FTQ de différents comités spécialisés (condition féminine, immigration par exemple) ne seraient pas à exclure.

Par contre, le CDDH initial, créé en 1964 pour obtenir un Code des Droits de l'Homme essentiellement antidiscriminatoire et une Commission, avait, dix ans plus tard, perdu sa raison d'être avec le dépôt de la loi 50. Et de tous les organismes qui réclamaient une telle loi, il était peut-être le seul à avoir obtenu satisfaction : car le gouvernement Bourassa, en créant la Commission des Droits de la Personne, limita exclusivement ses pouvoirs aux cas de discrimination.

LA LIGUE DES DROITS DE L'HOMME/ LIGUE DES DROITS ET LIBERTÉS (1963-   )

1. ORIGINES

Le Québec du début des années 1960 présentait une conjoncture particulièrement favorable à qui souhaitait s'impliquer dans un mouvement progressiste : avec la fin de la grande noirceur duplessiste s'était envolée la crainte d'être muselé, intimidé, voire même congédié, accusé, emprisonné ; et la présence au pouvoir de l'équipe libérale laissait espérer que les revendications et suggestions d'éventuels groupes de pression allaient connaître un meilleur sort qu'au cours des décennies précédentes.

La plupart de ceux et celles qui se réunirent au printemps 1963 pour fonder la Ligue des Droits de l'Homme n'en étaient pas à leurs premières armes : plusieurs d'entre eux avaient déjà œuvré au sein d'un comité ad hoc créé spontanément pour mettre fin à une injustice criante — semblables comités proliférèrent durant les années 1950 — ou d'un regroupement de citoyens intéressés à restaurer la démocratie.

Ainsi par exemple, lorsque fut porté à l'attention de Jacques Hébert, le cas d'un adolescent détenu sans procès à Bordeaux, prison considérée à l'époque comme l'enfer des lieux de détention, un comité fut créé, regroupant Pierre Elliott Trudeau et d'autres avocats autour de Jacques Hébert. Ce dernier dénonça publiquement la situation dans un livre intitulé *Scandale à Bordeaux*, édité en 1959 par les Éditions de l'Homme — dont il était le directeur — pendant que Pierre Elliott Trudeau et ses collaborateurs portaient la cause devant les tribunaux; grâce à leur lutte commune, la victime recouvra sa liberté et obtint même une compensation, mince il est vrai, mais dont l'octroi constituait un précédent.

Les multiples violations de droits remettaient fréquemment en présence les mêmes collaborateurs. Mais en plus d'œuvrer ensemble au sein de comités voués à une action à court terme, ces militants étaient membres de tous les mouvements qui constituaient alors la seule opposition au régime Duplessis: le Rassemblement, l'Union des Forces Démocratiques, l'Institut Canadien des Affaires publiques, et participaient à l'occasion à la rédaction de journaux de combat tels *Vrai* et *Cité Libre*.

Lorsque Pierre Elliott Trudeau, Jacques Hébert et J.Z. Léon Patenaude sentirent le besoin de créer une association permanente qui assurerait unité et efficacité à des efforts jusque-là isolés et ponctuels, c'est tout naturellement qu'ils songèrent à s'adjoindre d'abord Frank Scott et Thérèse Casgrain, le premier s'étant illustré dans des batailles juridiques mémorables, notamment l'affaire Roncarelli et la cause Switzman qui aboutit à l'abrogation de la loi du Cadenas en 1957, la seconde dans la défense des droits de la femme et en particulier dans la longue lutte pour l'obtention du suffrage féminin au Québec. Ce petit noyau de militants se réunit à quelques reprises pour discuter de documents préliminaires préparés par Pierre Elliott Trudeau, concernant les objectifs et le fonctionnement de la future association.

À compter du moment où fut prise la décision de créer la Ligue des Droits de l'Homme, quelques semaines seulement s'écoulèrent avant la fondation, soit le temps nécessaire à chacun pour prendre contact avec d'éventuels adhérents, et à Pierre Elliott Trudeau pour, assisté de quelques avocats, mettre la dernière main à la constitution de la LDH.

En mars 1963, le conseil d'administration provisoire de la Ligue des Droits de l'homme établit une liste de vingt-cinq noms de personnes susceptibles de former le premier conseil d'administration. Ces noms se partageaient comme suit : huit avocats, huit journalistes, deux syndicalistes, un professeur, un économiste, deux hommes d'affaires, deux leaders étudiants, et une personne «sans profession» : Thérèse Casgrain.

Ce choix reflète l'élitisme qui allait caractériser la Ligue durant la première décennie de son existence : tous provenaient d'un milieu assez aisé, ou très aisé ; Thérèse Casgrain, par exemple, fille du grand financier Rodolphe Forget, appartenait à la grande bourgeoisie, de même que Pierre Elliott Trudeau et Frank Scott. «C'était un luxe, à l'époque, témoigne Claude-Armand Sheppard, de s'interroger sur l'avenir de la société, la nature de la société dans laquelle on voulait vivre...»

La LDH privilégiait donc, dans son recrutement, avocats et membres prestigieux de professions libérales. Elle entendait également faire une place significative aux anglophones : sur les vingt-cinq personnes pressenties, huit étaient de langue anglaise.

2. FONDATION

L'assemblée générale de la Ligue des Droits de l'Homme tint son congrès de fondation le 29 mai 1963 dans la salle des banquets du Cercle universitaire de Montréal, qui avait été la maison natale de Thérèse Casgrain. Des cent quarante-trois membres individuels que comptait alors la Ligue, soixante-douze étaient présents. Me Frank Scott, désigné à la présidence de l'assemblée par le conseil d'administration provisoire, lut aux participants une lettre de l'honorable Robert Taschereau, juge en chef de la Cour suprême du Canada, contenant un message d'encouragements à la fondation de la LDH.

Comme il est coutume de le faire dans certaines associations privées — l'admission d'un nouveau membre devant être entérinée par le groupe — l'assemblée adopta ensuite à l'unanimité la liste des cent quarante-trois membres individuels et cinq membres collectifs de la Ligue, lue par le secrétaire provisoire, J.Z. Léon Patenaude.

Toutes les personnes présentes avaient reçu par la poste un exemplaire bilingue des lettres patentes. L'assemblée adopta le nom, la constitution et les règlements généraux de l'organisation, après y avoir apporté quelques amendements mineurs. Au chapitre du nom, Pierre Elliott Trudeau s'opposa à ce qu'il fût «La Ligue des Droits de l'Homme de la Province de Québec», expliquant que «la Ligue n'a pas l'intention de limiter ses travaux et son action à la seule Province de Québec.» L'assemblée se rallia à ses vues et adopta le nom de : Ligue des Droits de l'Homme/Civil Liberties Union.

Les membres fondateurs élirent ensuite le premier conseil d'administration de la Ligue des Droits de l'Homme, qui se composait comme suit :

Me Alban Flamand, président
Me Gabriel Glazer, vice-président
M. Yves Michaud, vice-président (directeur général du journal *La Patrie*)
M. Gérard Labrosse, s.j., trésorier (professeur de philosophie au collège Brébeuf)
Me René Hurtubise, secrétaire
Mme Thérèse Casgrain
M. Gordon Echenberg (président AGEU Mc Gill)
M. Jacques Hébert (éditeur)
M. Bernard Landry (président AGEUM)
Me Frank Scott (doyen de la faculté de droit, U. Mc Gill)
Me Pierre Elliott Trudeau (professeur de droit U. de M.)
M. George Wesley (économiste)
M. J.-Z.-Léon Patenaude
Me André Nadeau
Me Raymond Favreau
M. Jean-Charles Harvey (journaliste)

Au cours de l'élection du conseil d'administration, les cinq personnes constituant le noyau fondateur de la Ligue recueillirent le plus grand nombre de votes. Lors de l'élection de l'exécutif, sept noms furent mis en candidature au poste de président; mais les six premières personnes proposées déclinèrent l'invitation, de sorte qu'Alban Flamand fut élu par défaut.

Photo Gerard Donati, Le Devoir.

L'exécutif élu lors du congrès de fondation de la Ligue des Droits de l'Homme, le 29 mai 1963. De gauche à droite : MM. René Hurtubise, Gabriel Glazer, Alban Flamand, Yves Michaud et Gérard Labrosse, s.j.

LA PÉRIODE JURIDIQUE
DE LA LIGUE
(1963-1972)

1. OBJECTIFS

Dans son article 1, la constitution de la Ligue des Droits de l'Homme lui assignait les objectifs suivants:

1. Protéger tous les droits de l'homme qu'ils soient d'ordre physique, intellectuel ou moral, sans distinction de sexe, de religion ou d'origine ethnique et en particulier (mais sans restreindre la portée de ce qui précède) les libertés de mouvement, de pensée, de parole, de presse, de religion, de réunion, d'association et l'égalité de tous devant la loi.

2. Dans le cadre des lois existantes, informer le public et intervenir en faveur des parties lésées.

3. Réclamer des modifications aux lois par:

   a) l'étude critique des lois pertinentes et de la Constitution;

   b) des propositions aux autorités municipales, provinciales ou fédérales et à toute autre autorité;

   et

   c) l'information des citoyens.

C'étaient donc les droits individuels traditionnels qui allaient faire l'objet des préoccupations de la Ligue. À ce chapitre, les militants des années 1960 étaient les fidèles héritiers de l'esprit qui animait les membres de la Société canadienne des Droits de l'Homme.

Libertaires comme eux, ils avaient tous, à différents degrés, souffert de l'autoritarisme et de l'obscurantisme qui caractérisaient les décennies précédentes. Les plus combatifs d'entre eux avaient même chèrement payé l'audace qu'ils avaient eue de s'en prendre à un pouvoir omnipotent et sans scrupule: Pierre Elliott Trudeau s'était vu fermer les portes de l'Université de Montréal qui craignait de déplaire à Maurice Duplessis ; Jean-Charles Harvey avait perdu son poste de rédacteur en chef au journal *Le Soleil* en 1934, puis celui de fonctionnaire provincial en 1937, pour son roman *Les demi-civilisés* ; Frank Scott avait été exclus pendant deux décennies du décanat de la faculté de droit de l'Université McGill ; quant à Jacques Hébert, directeur-fondateur du journal *Vrai*, il avait été maintes fois poursuivi en justice, cependant que les menaces d'origine gouvernementale pleuvaient sur les publicitaires du journal.

Autour de cette option en faveur des droits «classiques» allaient se regrouper pendant la période juridique des personnes de tendances politiques fort variées. Certains étaient réputés pour leur conservatisme ; d'autres, sans être membres d'aucun parti politique, avaient démontré pendant les luttes des années 1950 auxquelles ils avaient participé, leur préoccupation pour une meilleure justice sociale ; d'autres encore avaient milité au sein du parti CCF ; enfin quelques-uns avaient combattu de façon individuelle — par la plume surtout — l'ordre établi. Parmi ces aînés, ceux dont la réputation de défenseurs des droits n'était plus à faire, attiraient autour d'eux une jeunesse fraîchement émoulue de l'université et impatiente de collaborer à un projet qui l'enthousiasmait.

Bien que majoritairement fédéraliste, le CA de la Ligue des Droits de l'Homme accueillit dans son sein durant les années 1960 un des fondateurs du Rassemblement pour l'Indépendance nationale, Jacques Bellemare, et un militant du RIN, Pierre Verdy.

Ces indépendantistes avaient en commun avec les autres membres du CA le désir de défendre les droits de l'individu, quelles que soient ses convictions, face au pouvoir, quel que soit ce pouvoir. C'est ce qui explique qu'un Claude-Armand Sheppard nullement indépendantiste ait défendu les felquistes de la première vague en 1963 : «Il y avait un tel souffle d'hystérie et de violence aux principes des libertés fondamentales dans la poursuite de ces vingt et un accusés, dit-il, que ça m'a solidement ancré dans mes convictions. (...) Le choix que moi je fais, c'est le choix de l'individu qui souvent défie la collectivité, qui souvent s'insurge contre la collectivité. (...) Moi, je vois mon rôle et le rôle d'une Ligue, d'aider les contestataires contre les groupes. (...) Quelqu'un qui est libertaire (...) se doit d'aider la victime, quelle qu'elle soit. »

C'est l'attitude qu'observa la Ligue lorsque son appui fut sollicité en 1968 au sujet des retards et remises caractérisant les procès de Pierre Vallières et Charles Gagnon. Et les membres indépendantistes du CA partageaient l'avis de la majorité que la Ligue devait dénoncer ces retards et remises sans faire allusion au caractère politique des procès. Ce n'est qu'au moment des événements d'octobre 1970 que des divergences profondes à ce sujet allaient se faire jour.

Les moyens que la Ligue entendait prendre pour défendre et promouvoir les droits faisaient une large place à l'étude et l'utilisation des législations. On ne saura donc s'étonner de ce que le premier conseil d'administration ait été constitué presque à moitié d'avocats, soit sept sur seize.

Cette tendance à privilégier une façon juridique de défendre les droits continua de se refléter sur la composition du conseil d'administration lors des élections subséquentes ; en effet, mise à part l'année 1969-70 où seulement cinq avocats furent élus, leur nombre oscilla entre six et dix sur quinze membres durant toute la première décennie de l'existence de la Ligue.

La nature de la seconde moitié du premier conseil d'administration élu (journalistes, professeur, leaders étudiants) témoignait de la volonté qu'avait l'assemblée générale de doter la Ligue des ressources intellectuelles nécessaires à l'accomplissement de l'autre partie de son mandat : informer la population par la publication écrite et le discours.

Trois anglophones avaient été élus au premier conseil d'administration : la proportion était donc moindre que ce qu'avait prévu le conseil d'administration provisoire, mais à peu près égale à celle de la population de langue anglaise au Québec. Jusqu'en 1972, le conseil d'administration de la Ligue compta en moyenne trois anglophones sur seize

J.Z.-Léon Patenaude.

J.Z.-Léon Patenaude a oeuvré dans de nombreuses associations sociales et politiques durant les quarante dernières années, en assumant souvent la tâche ingrate du secrétariat. Comme co-fondateur de la Ligue des Droits de l'Homme, il a travaillé au recrutement des membres et à l'organisation du secrétariat.

M. Patenaude fut membre du conseil d'administration de la LDH en 1963-64, et trésorier en 1971-72.

membres; durant toute cette période, un poste de vice-président fut réservé à un anglophone à chaque fois qu'il était possible de le faire.

Le papier officiel de la Ligue était bilingue, et toutes ses publications (dépliants, communiqués, mémoires, etc.) furent diffusées dans les deux langues jusqu'à la fin de 1972, alors que le conseil d'administration décida de ne faire traduire que les textes fondamentaux et adopta pour la Ligue un papier officiel unilingue français.

2. ORGANISATION

Durant les années 1960, le financement de la Ligue reposa sur une source unique : les cotisations de ses membres, établies à 5 $ par année pour les membres individuels, 25 $ par année pour les membres collectifs et 100 $ pour les membres à vie. Cette restriction provenait d'un choix délibéré des militants qui y voyaient la garantie de l'indépendance de la Ligue. Ce choix entraînait cependant la conséquence que la santé financière de l'organisme était soumise aux fluctuations du militantisme des membres ; et les activités de la Ligue furent plus d'une fois freinées, sinon paralysées, faute de fonds.

Les règlements adoptés au cours de l'assemblée de fondation de la Ligue décernaient au secrétaire le rôle stratégique de juger du bien-fondé des plaintes ; il lui revenait donc de déterminer par ses choix les priorités d'intervention de l'organisme, en plus d'être le trait d'union entre la Ligue et le public.

L'absence d'infrastructure allait entraîner de sérieux problèmes d'efficacité. Par contre, la réduction à son minimum des intermédiaires faisait en sorte que le CA pouvait toucher du doigt les violations quotidiennes des droits et libertés.

La Ligue des années 1970 et 1980 au contraire, dotée d'une infrastructure imposante par moments, se heurtera au problème quasi insoluble de la perte de contact entre le CA et le vécu des plaignants, et celui de la démobilisation des permanent-e-s affecté-e-s à des tâches malheureusement déconsidérées.

D'après la constitution, le conseil exécutif se voyait attribuer tous les pouvoirs, tandis que le conseil d'administration recevait la tâche d'entériner les décisions du C.E. Dans les faits cependant, il semble que les rôles des deux instances se soient recoupés, puis fondus, de sorte que dès les premières années, la situation s'inversa : le CE qui dans les débuts se réunissait souvent et convoquait rarement le CA, commença à diminuer la fréquence de ses réunions par rapport à celles du conseil d'administration dès l'année 66-67 ; à la fin des années 1960, les assemblées du CE étaient devenues exceptionnelles.

Avant 1970, le conseil d'administration ou l'exécutif étaient convoqués à tous les mois ou à tous les deux mois. À compter de mai 1970, moment où Jacques Hébert accéda à la présidence, les assemblées devinrent bimensuelles.

La Ligue étant dépourvue de permanence et de secrétariat, les membres du conseil d'administration n'avaient d'autre choix que de se partager les tâches en formant des comités (d'abord appelés commissions) présidés par un(e) des leurs ; ces comités pouvaient s'adjoindre des experts non-membres, à condition qu'ils soient acceptés par le C.A.

Ainsi, dès sa fondation, la LDH comptait six commissions permanentes et un comité ad hoc : — la commission d'études juridiques ; le comité du mémoire à la commission d'enquête sur le biculturalisme ; la commission d'enquêtes médico-légales ; la commission du recrutement ; la commission des relations publiques ; la commission des droits de la femme ; la commission des finances.

Parmi les commissions permanentes, certaines fonctionnèrent quelques années puis disparurent ; c'est le cas de la commission médico-légale. D'autres, par contre, connurent une existence mouvementée, laissées pour compte durant les périodes d'accalmie puis ressuscitées en temps de crise ; la commission du recrutement par exemple.

La mise sur pied par le gouvernement d'une commission d'enquête ou de révision était souvent suivie de la formation par la LDH d'un comité ad hoc chargé de préparer un mémoire. C'est ainsi que se formèrent en 1966 le comité sur les lois de l'adoption et le comité des régimes matrimoniaux.

Les administrateurs de la LDH étant souvent accaparés par leur profession, il arrivait que des commissions disparaissent sans même avoir commencé à fonctionner. D'autres fonctionnèrent grâce au zèle militant d'un seul membre. Durant les années 1963-64 et 1964-65 par exemple, la commission des études juridiques reposa sur le militantisme de Me Maurice Marquis, la commission d'enquêtes médico-légales sur celui de Dr Lise Fortier, et celle des droits de la femme sur le zèle de Thérèse Casgrain.

À cause de l'absence d'infrastructure, la LDH se trouvait parfois dépassée par les événements. Ainsi c'est souvent l'actualité qui fournissait aux hautes instances l'ordre du jour de leurs assemblées. Or la Ligue avait, dès ses débuts, misé sur la valeur juridique de ses interventions : les documents et mémoires préparés par les juristes de la LDH durant les années 1960, et révisés, discutés, corrigés par les membres du C.A., avaient la qualité de projets de loi. Mais lorsque les événements commandaient une réaction rapide, il fallait à la LDH tellement de temps pour créer un comité ad hoc qui étudierait la question et préparerait un document à soumettre au C.A. pour examen minutieux, qu'elle dut parfois renoncer à réagir parce qu'il était trop tard. Ce problème ne trouva sa solution qu'au printemps 1971, avec l'emploi de permanents.

Au cours de leurs assemblées qui, faute de local, se déroulaient au domicile de l'un d'entre eux, les administrateurs se penchaient sur des projets de loi, étudiaient l'opportunité de comparaître en commission parlementaire, ou celle d'intervenir à la suite d'un événement précis, et enfin analysaient les plaintes individuelles qui étaient portées à leur attention.

D'aucuns privilégiaient la défense des cas individuels ; d'autres s'y opposaient farouchement, souhaitant voir la Ligue ne défendre que des principes. Il en résulta un effort — parfois laborieux — vers un équilibre entre les deux tendances.

3. LES GRANDS DOSSIERS

Deux grands dossiers tracent une ligne de continuité dans l'histoire mouvementée de la Ligue : celui de la charte des droits, et celui qui touche l'administration de la justice, la police et les droits des détenu-e-s ; en effet, malgré les changements d'orientation et de membership de la Ligue, ces deux dossiers ont toujours occupé, vingt années durant, une position privilégiée dans l'éventail des préoccupations de l'organisme.

A) Charte des droits

Pour les militants des années 1960, la nécessité s'imposait d'obtenir une charte des droits enchâssée dans la constitution pour le Canada et pour le Québec.

Au printemps 1964, la LDH envoya aux ministres et députés provinciaux et fédéraux un projet de charte pour le Québec préparé par Jacques-Yvan Morin. L'assemblée générale qui suivit proposa que la Ligue presse le gouvernement du Québec d'adopter une charte s'inspirant de ce projet. Pour donner suite à cette résolution, le conseil exécutif forma un comité, présidé par Jacques-Yvan Morin, lequel déposa en février 1965 un document traitant d'un projet de loi qui sauvegarderait les droits de l'homme au Québec.

En 1965, l'assemblée générale revint à la charge en énonçant la nécessité d'une déclaration québécoise des droits assortie de sanctions. L'année suivante, le conseil d'administration en fit le thème d'un déjeuner-causerie, avec pour conférencier Me Frank Scott. Au cours de l'assemblée générale de 1968, le juge J.C. McRuer, ex-juge en chef de la Cour Suprême de l'Ontario et président de la Commission d'Enquête sur les droits civils en Ontario, donna aux membres une conférence intitulée : «The State and the Citizen», suivie d'une période de questions très animée.

La même année, le dépôt par le ministre fédéral de la Justice Pierre Elliott Trudeau d'un projet de charte des droits donna lieu à une vive discussion au sein du conseil d'administration de la Ligue, les uns appuyant inconditionnellement le projet tandis que d'autres émettaient certaines réserves quant aux connotations politiques qu'ils y décelaient. Le CA adopta finalement la position suivante :

«Sans entrer dans les débats politiques entourant les discussions constitutionnelles, la Ligue des Droits de l'Homme se prononce en faveur du principe de l'insertion d'une charte des droits universels de l'homme, dans les constitutions fédérales et provinciales, comme partie inaliénable des dites constitutions.

La Ligue se prononce également en faveur du principe de l'application comme droit vivant et de la mise en force d'une telle charte, par une juridiction constitutionnelle efficace et indépendante.»

En 1969, la Ligue commença à suivre de près un projet d'insertion dans le code civil de dix articles touchant aux libertés fondamentales, projet soumis au Comité de Révision du Code civil. L'année suivante, le CA adopta pour thème de l'assemblée générale annuelle: «Une charte des Droits de l'Homme pour le Québec», avec insistance sur le projet d'introduire le «Décalogue» — c'est le nom qu'on donnait à l'ensemble des dix articles — dans le code civil; le ministre québécois de la justice nouvellement élu, Jérôme Choquette, invité à s'adresser aux membres de la Ligue, leur promit que le projet de loi sur la Déclaration des Droits (le Décalogue) serait étudié à l'ouverture de la session de septembre 1970.

Durant l'été qui suivit, le CA fit du Décalogue une priorité et mandata deux de ses membres pour sensibiliser à ce projet le maximum de personnes et de groupes. La Ligue se procura cent cinquante exemplaires du Décalogue fraîchement édité pour les distribuer aux députés dès la fin de l'été.

Mais Jérôme Choquette resta sourd aux pressions qu'exerça l'organisme en début de session et ne présenta pas le projet promis. À compter de ce moment, la LDH opta pour une politique de harcèlement, saisissant toutes les occasions, les provoquant même, pour rappeler sa promesse au ministre de la Justice. Ce n'est qu'en 1975 que ses efforts furent enfin couronnés de succès.

B) Justice, police et droits des détenu-e-s

Dès 1963, à l'occasion de l'enquête du coroner dans le cas de Wilfred O'Neil, garde de sécurité tué par une bombe du FLQ, la Ligue procéda à une étude approfondie de la Loi du coroner et elle prépara, à l'intention du gouvernement, un nouveau texte de Loi du coroner, qu'elle lui présenta officiellement le 9 décembre, au cours d'une brève cérémonie.

Le texte préparé par la Ligue visait à protéger davantage les droits des témoins assignés à comparaître devant le coroner, tout en donnant à ce dernier les moyens de mener à bien son enquête. C'est pourquoi il proposait que le coroner devienne permanent, que le jury du coroner soit aboli, et que les témoins soient contraints à témoigner. Parallèlement à ces mesures, le texte de loi prévoyait que les témoins puissent être assistés d'un avocat dans tous les cas, qu'ils bénéficient de la protection de la cour, que les prérogatives du représentant du Procureur général soient restreintes, que l'enquête se déroule à huis clos et que le pouvoir de détenir un témoin soit rigoureusement circonscrit.

Peu de temps après, le Barreau recommandait à son tour une refonte complète de la loi du coroner, dans laquelle se retrouvaient plusieurs recommandations de la Ligue.

Le gouvernement amenda ladite loi en 1967. Malheureusement, tout en retenant la plupart des recommandations visant à renforcer les pouvoirs du coroner (permanence, abolition du jury, pouvoir de contraindre à témoigner), il écartait celles qui en contrepartie servaient à protéger les droits des témoins (présence d'un avocat en tout temps, limitation des prérogatives de la Couronne, huis clos). La seule véritable amélioration consentie aux droits des témoins consistait à circonscrire le pouvoir de les détenir. Quant à la protection de la cour, même si la nouvelle loi la garantissait, les pouvoirs énormes dont jouissait la Couronne la réduisaient à peu de choses.

La Ligue des Droits de l'Homme n'avait pas fini de s'en

prendre aux simulacres de procès qu'étaient les enquêtes du coroner. Durant les décennies suivantes, elle reviendrait souvent à la charge.

En 1965, la Ligue s'insurgea contre les accusations d'outrage au tribunal portées contre Jacques Hébert au sujet de son livre *J'accuse les assassins de Coffin*; elle réclama que soit repensée la procédure d'outrage au tribunal qui date du 17ième siècle et n'accorde pas à l'accusé le droit à une défense pleine et entière. Enfin, se faisant précurseur — elle jouera souvent ce rôle par la suite — d'un débat qui n'allait se tenir qu'en 1983, elle rappela que la présence d'un jury constitue la meilleure garantie pour un accusé, car dans le cas d'un outrage au tribunal, la magistrature est à la fois juge et partie.

Jacques Hébert fut condamné à trente jours de prison et à trois mille dollars d'amende à payer en un mois, ou trente autres jours de prison. Il en appela du jugement et de la sentence, et la Cour d'appel l'acquita dans un jugement sur division.

En 1967, la Ligue fit une comparution — remarquée — devant la Commission Prévost sur l'administration de la justice pénale au Québec. La LDH n'était d'ailleurs pas étrangère à la création d'une telle commission, qu'elle avait maintes fois réclamée. Les 14 et 15 juin, Jacques Bellemare, Edward Mc Whinney et Claude-Armand Sheppard se succédèrent pour présenter à la Commission Prévost les recommandations de la Ligue, qui était le premier organisme à être entendu, ce qui n'est pas sans signification.

Entre autres recommandations que fit l'organisme, notons l'amélioration des conditions de détention des prévenus et le respect de leurs droits, l'indemnisation des victimes d'actes criminels impliquant l'usage de la violence, payée à la fois par l'État et le contrevenant, une déclaration québécoise des droits plus sérieuse que la déclaration canadienne, une commission pour l'appliquer, l'institution d'un ombudsman, et la présence de civils aux conseils de discipline des corps policiers.

Me Claude-Armand Sheppard ne ménagea personne. Il fustigea les procureurs du ministère public qui s'identifient avec la police et tentent d'obtenir des condamnations à tout prix, dénonça l'extension illégale donnée à certains mandats de perquisition, l'illégalité de certaines méthodes policières pour recueillir l'information, les arrestations sans mandat, les détentions illégales, les enquêtes nocturnes du coroner, l'usage du huis clos par les commissaires aux incendies et la disparité des sentences; enfin il fit sursauter quelques commissaires en énonçant le principe que tout individu a le droit, même par la force, de résister à une arrestation illégale ou sans motif sérieux de la part des forces de l'ordre.

En cette année 1967, la Ligue comparut à deux reprises devant le Comité de Révision du Code civil; dans un premier mémoire concernant les conventions matrimoniales, elle marqua sa préférence pour le régime de séparation de biens; dans le second mémoire, elle recommanda la célébration obligatoire du mariage civil.

Enfin, elle donna son appui au vote libre des députés sur le projet fédéral de suspendre la peine de mort pour cinq ans, en précisant qu'elle ne croyait pas à l'utilité de la peine de mort comme mesure préventive.

En juin 1968, à l'occasion du procès de Pierre Vallières dont la cause avait été reportée jusqu'à douze fois, la Ligue fit une déclaration publique pour dénoncer les retards et remises dans certains dossiers, l'inadmissibilité à cautionnement des victimes de ces retards et le gonflement arbitraire des dossiers dans certains cas par des preuves sans rapport; elle conclut en demandant comment la société compenserait les victimes qui seraient acquittées par la suite.

Tout comme pour la loi du coroner, le pouvoir politique n'entendait pas céder un centimètre de ses prérogatives en matière de répression. Vallières avait été condamné à l'emprisonnement à perpétuité le 5 avril 1968; en 1969, la Cour d'appel cassa le jugement. Au terme d'un nouveau procès, le leader présumé du FLQ fut condamné à trente mois d'emprisonnement, puis acquitté en appel en mars 1973. Durant toutes ces procédures, Vallières dut demeurer incarcéré.

De nouveau en 1969, la Ligue protesta lorsque le commissaire aux incendies força le felquiste Pierre-Paul Geoffroy à s'incriminer, alors que les circonstances et l'origine des explosions étaient connues. Ayant toujours refusé d'identifier ses camarades, Geoffroy plaida ensuite coupable à cent vingt-neuf chefs d'accusation, prenant ainsi à sa charge toutes les activités du réseau auquel il appartenait. Il fut condamné à cent vingt-quatre peines d'emprisonnement à perpétuité et cinq peines de cinq ans.

Au mois de novembre 1970, le LDH se pencha sur le projet de loi Turner, appelé à remplacer la loi sur les mesures de guerre; elle critiqua particulièrement la rétroactivité de l'incrimination, prévue à l'article 8, ainsi que d'autres dispositions portant atteinte aux droits fondamentaux du prévenu: culpabilité par association, arrestation sans mandat, perquisition sans mandat et détention sans cautionnement.

Lorsque le gouvernement fédéral manifesta l'intention de remplacer la loi Turner venant à échéance le 30 avril 1971 par une loi d'urgence permanente, la Ligue réclama le retour au régime de droit commun et proposa l'adoption de mécanismes de contrôle pour assurer un déclenchement opportun de la loi sur les mesures de guerre. Elle profita de l'occasion pour souligner l'opportunité d'enchâsser la Déclaration canadienne des Droits dans la constitution, et rappeler à Jérôme Choquette sa promesse de doter le Québec d'une Charte des Droits.

En 1971, pour donner suite à un vœu exprimé par l'assemblée générale, le CA créa un comité sur l'administration de la justice, animé par Maurice Champagne (aujourd'hui: Maurice Champagne-Gilbert), et ayant pour mandat d'étudier:

— la loi des coroners ;
— l'outrage au tribunal, question d'une actualité brûlante au moment des procès intentés aux felquistes ;
— la réforme du système de détention ;
— la peine de mort ;
— la charte québécoise des droits.

Peu après sa création, le nouveau comité fut amené à traiter en priorité un dossier non prévu dans son mandat initial : lorsque le gouvernement québécois annonça son intention de déposer un projet de loi sur l'assistance judiciaire, le CA le chargea de préparer un mémoire ; mais avant d'avoir terminé l'étude du projet de loi, le comité jugea opportun d'annoncer publiquement ses couleurs : il déclara que la principale préoccupation de la Ligue serait de requérir un régime d'assistance judiciaire administré par les citoyens eux-mêmes ; et il ajouta :

« Il est certain qu'un tel régime existe d'abord pour les citoyens les plus démunis économiquement et socialement. Mais une société vraiment démocratique devrait aller beaucoup plus loin, en permettant à tous ses citoyens de disposer pour leur défense des mêmes moyens que l'État utilise dans la poursuite. Car de ce point de vue, le citoyen moyen se trouve au départ défavorisé en regard de la puissance des moyens dont dispose l'État. »

En prenant à sa charge cet important dossier, le comité sur l'administration de la justice donnait suite à une résolution de l'assemblée générale de 1971 ayant trait à la démocratisation de l'accès à la justice et à la généralisation de l'assistance judiciaire à travers la province.

Au mois d'avril 1972, la Ligue rendit public son mémoire sur la loi de l'aide juridique dans lequel elle recommandait, outre les deux propositions ci-haut mentionnées :

— un régime de cliniques légales communautaires dans les centres urbains, avec avocats permanents ;
— un régime ouvert à l'évolution de l'administration de la justice par sa collaboration avec les sciences humaines ;

— une commission indépendante du pouvoir exécutif;
— un recrutement local des membres pour assurer la représentativité.

* * *

Durant les années 1960, la Ligue intervint souvent pour dénoncer le comportement abusif des forces policières à l'égard des opposants politiques de toutes sortes. En 1964 seulement, elle protesta publiquement à trois reprises, notamment à l'occasion du «Samedi de la Matraque» au sujet duquel elle réclama — bien en vain — la tenue d'une enquête.

En 1966, lorsque les locaux de la Ligue socialiste ouvrière et ceux du RIN furent perquisitionnés par des policiers qui, disant chercher des explosifs, en profitèrent pour saisir des listes de membres, la LDH pressa instamment le ministre de la Justice d'instituer une enquête sur la conduite et les méthodes des corps policiers opérant dans la province de Québec.

Les demandes d'enquête faites par la Ligue concernant quelques cas concrets étaient jusque-là restées sans réponse. Mais il semble qu'à long terme, la ténacité et l'insistance de l'organisme aient porté fruit: «La Ligue, par ses déclarations publiques, de dire Pierre Verdy, a contribué à la formation de (la) Commission d'Enquête (Prévost) sur l'Administration de la Justice»; or, le but original des pressions de la Ligue relativement à ce sujet était d'attirer l'attention sur l'abus des méthodes policières.

En 1970, la LDH intervint dans l'affaire Walter Robert Redel, un haut fonctionnaire de la Colombie britannique arrêté par des agents en civil de la Sûreté du Québec, battu et gardé nu au secret pendant quatre heures alors qu'il souffrait d'une fracture du crâne et autres blessures. La victime étant un homme public éminent et l'incident ayant pris des proportions nationales, la Ligue réclama que, pour une fois, on aille au fond des choses dans un cas de brutalité policière et qu'on utilise ce cas type qu'on ne peut étouffer —

comme on le fait pour les simples citoyens — pour changer les méthodes de recrutement et d'entraînement des policiers ; elle demanda aussi qu'outre l'enquête de la Commission de Police du Québec annoncée par le premier ministre Jean-Jacques Bertrand, une autre enquête soit menée indépendamment par des enquêteurs recrutés dans divers milieux. Enfin elle offrit son appui à la victime et à son procureur pour effectuer au besoin les recherches de jurisprudence.

L'enquête de la Commission de Police n'eut jamais lieu et le ministre de la Justice Rémi Paul annonça, environ un mois après l'incident, qu'après avoir pris connaissance des déclarations des deux policiers impliqués, il considérait le dossier comme étant clos. Quelques mois plus tard, la victime ayant intenté une action contre le procureur général et les deux policiers de la S.Q., le nouveau ministre de la Justice Jérôme Choquette annonça son intention de proposer une offre de règlement.

En avril 1970, la Ligue lança la brochure *Arrestation et Détention* visant à informer les citoyens de leurs droits et obligations lors d'une arrestation ou une perquisition. Cette brochure s'inspirait d'une publication de la Canadian Civil Liberties Association of Toronto, révisée, traduite et adaptée par Pierre Verdy.

Fin juin 1971, la LDH protesta auprès du directeur de la police de Montréal, M. Jean-Jacques Saulnier, contre la violence exercée par les forces policières, et plus particulièrement l'escouade anti-émeute, lors des fêtes de la Saint-Jean-Baptiste ; elle demanda des explications et réclama des sanctions. Le directeur de police ayant répondu qu'une enquête serait menée par le Service de la Police, le CA résolut de demander la tenue d'une enquête indépendante, menée par la Commission de Police du Québec.

La Ligue obtint gain de cause : la Commission de Police institua une enquête à laquelle assistèrent, avec droit de contre-interroger les témoins, Pierre Jasmin, directeur général de la LDH, et André Paquette, mandaté par le Comité des Fêtes de la Saint-Jean.

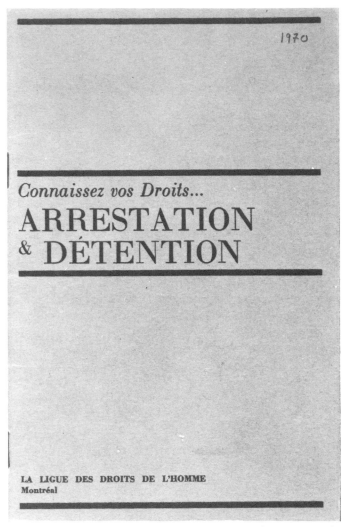

1970

Connaissez vos Droits...
ARRESTATION & DÉTENTION

LA LIGUE DES DROITS DE L'HOMME
Montréal

Photo Jean-Pierre Joly.

Cette brochure de douze pages était accompagnée d'une version anglaise. Elle abordait les droits des citoyens et les devoirs des autorités policières en cas de demande de renseignements par la police, d'arrestation, de comparution, de résistance à l'arrestation, de perquisition et saisie, de détention, de cautionnement et enfin, les droits des citoyens en cour.

Au terme de son enquête, la Commission de Police blâma les policiers — non identifiables — qui avaient manqué de contrôle personnel et recommanda, sans les préciser, des mesures «fermes, immédiates et définitives» pour éviter à l'avenir «tout abus de force et toute manifestation de brutalité» : mince victoire si l'on s'en tient aux actes reprochés, mais acquis notable si l'on considère les auteurs et l'enquêteur...

* * *

La Ligue des années 1960 consacra beaucoup d'attention aux détenu-e-s. Elle intervint dans de nombreux cas individuels, notamment celui d'un prévenu incarcéré à Bordeaux depuis un an lequel, sur ses instances, fut transféré à Saint-Jean-de-Dieu pour traitement et put ensuite subir son procès. Elle dénonça également plusieurs suicides survenus en détention; dans un cas, en 1969, elle demanda et obtint la tenue d'une enquête du coroner, à laquelle elle assista.

En 1965, la LDH organisa une manifestation publique pour protester contre la construction de l'Unité Spéciale de Correction — aujourd'hui Centre de Développement Correctionnel (CDC) — à Saint-Vincent-de-Paul. En 1967, elle exerça maintes pressions pour arrêter la construction d'un autre pénitencier (Archambault) à Sainte-Anne-des-Plaines. Dans les deux cas, les protestations de la Ligue échouèrent et le Québec fut la seule province à hériter de deux centres de détention extraordinairement inhumains, «deux distinctions peu enviables», de commenter l'organisme.

En février et mars 1968, des membres du CA visitèrent quelques prisons de la région de Montréal; «dans l'immédiat, relève-t-on dans le rapport annuel 1967-68, le résultat le plus clair de ces visites fut de parfaire l'éducation de certains membres du Conseil.» La Ligue en conclut au besoin d'une étude plus approfondie et soutenue, nécessitant une action permanente et prioritaire dans ce secteur; et elle décida de solliciter un droit de visite permanent et inconditionnel de tous les centres de détention tant provinciaux que municipaux. Ce droit de visite lui fut accordé en 1970 par le ministre québécois de la Justice Rémi Paul.

Cependant, une vague de suicides survenus à cette époque dans l'aile psychiatrique du pénitencier Saint-Vincent-de-Paul — six en quatre mois — devait détourner l'attention de la Ligue. À la suite d'une visite des lieux effectuée par quatre membres du CA, la LDH dénonça les conditions inhumaines imposées à ces détenus.

Peu après, ayant appris que le Solliciteur général George J. Mc Ilraith avait entrepris, à titre de « mesure préventive », de redécorer les cachots des détenus de l'aile psychiatrique, la Ligue mit sur pied un Comité de détention chargé de préparer un mémoire à l'intention du Solliciteur, contenant ses observations et recommandations.

Cependant, trois nouveaux suicides s'étaient entretemps rajoutés à la liste ; la LDH réagit vigoureusement : « La Ligue des Droits de l'Homme se demande, écrivit le CA, combien de suicides sont nécessaires à votre Ministère avant qu'il ne comprenne que les conditions de détention de l'aile psychiatrique de Saint-Vincent-de-Paul doivent être réformées en profondeur. »

Le Solliciteur ne bougeant toujours pas, le CA en conclut que seul un battage publicitaire dans les journaux pourrait le secouer. Mais alors survinrent les événements d'octobre.

À la suite de la proclamation de la loi sur les mesures de guerre, un front commun composé de la CSN, la FTQ, la CEQ, et de MM. Ryan, Rocher et Daoust, prépara quatre questions à poser au ministre de la Justice Jérôme Choquette et demanda l'appui de la LDH. Celle-ci adopta les questions après quelques amendements, et les joignit dans sa déclaration publique à un texte ambigu dans lequel elle déclarait ne pouvoir « accepter, à aucun prix , l'utilisation de la loi des mesures de guerre », pour, un peu plus loin « (admettre) que le gouvernement fédéral (avait) agi dans l'intérêt des citoyens ».

Fin octobre, la Ligue mit sur pied un Comité d'aide aux personnes détenues en vertu de la loi sur les mesures de guerre. Constitué de quatorze membres, ce comité avait pour mandat d'assurer les contacts entre les détenu-e-s et leurs proches, de voir aux besoins des familles et des enfants, de s'assurer que les exigences de la sécurité respectent les égards dus aux personnes détenues, que les personnes arrêtées et relâchées sans accusation n'en subissent aucun tort, et enfin de porter toute irrégularité à la connaissance du ministre de la Justice.

Le secrétariat du comité, installé rue Ste-Catherine, reçut 4 000 $ de la Canadian Civil Liberties Association of Toronto, 5 000 $ du ministère de la Justice du Québec et 5 132,81 $ en dons du public et d'organismes divers. Du total de ces dons, près de 10 000 $ furent redistribués aux détenu-e-s, aux ex-détenu-e-s et à leurs familles.

Le reste servit au fonctionnement du comité, et plus particulièrement de son sous-comité des visites, constitué de Jacques Hébert, président de la Ligue, Roland Parenteau et Jacques Tellier ; ce sous-comité organisa «un véritable marathon afin de rencontrer le plus grand nombre de détenus possible dans le temps le plus court». Il lui arriva même de noliser des avions pour multiplier sa présence aux quatre coins du Québec. L'arrivée des trois visiteurs dans les prisons — ils en visitèrent treize — accéléra dans plusieurs cas la libération des personnes qui devaient être relâchées ; dans d'autres cas, elle contribua à améliorer les conditions de détention, à assurer aux détenus la présence d'un avocat et à rétablir le contact avec leurs familles.

Le comité d'aide avait également créé un sous-comité juridique qui avait pour fonction de voir à ce que toutes les personnes arrêtées en vertu de la loi sur les mesures de guerre aient un avocat ; ce sous-comité collaborait étroitement avec le sous-comité des visites.

En 1971, un appel désespéré fut adressé à la Ligue par Jacques Rose et Bernard Lortie qui étaient détenus depuis plusieurs mois dans les cellules de la Sûreté du Québec, au 4ième étage de l'édifice Parthenais ; les conditions de détention dans ces cellules avaient été qualifiées d'inacceptables par le Comité d'aide aux personnes détenues en vertu de la loi sur les mesures de guerre. Après plusieurs démarches restées infructueuses, la Ligue dénonça publiquement le fait : les deux prévenus furent alors transférés aux étages supérieurs.

Début 1972, les autorités durcirent leurs positions. Pendant la grève de la faim de deux cent soixante-dix prévenus à Parthenais, certains d'entre eux, dont Jacques Rose, demandèrent à rencontrer des représentants de la Ligue. Mais le Solliciteur général du Québec, M. Roy Fournier, s'opposa à ce que ces derniers fussent admis au Centre de prévention. La Ligue protesta publiquement, mais en vain.

Cet échec, ajouté à ceux que l'organisme avait essuyés au niveau fédéral, devait amener le CA à fonder, peu de temps après, l'Office des Droits des Détenu-e-s.

4. AUTRES DOSSIERS

Les militants des années 1960 étaient, on l'a vu, de farouches partisans inconditionnels de la liberté d'expression. Nombreuses furent, au cours de cette décennie, les occasions pour la Ligue d'intervenir.

L'arrestation et la détention incommunicado de camelots du journal *Québec Libre* en 1964 amenèrent la Ligue à étudier la constitutionnalité des règlements municipaux en matière de liberté d'expression, de presse et d'information ; elle prépara un texte à ce sujet qui concluait à la nécessité d'inclure dans la constitution provinciale le droit à la liberté d'information, y compris la distribution des brochures et journaux. Fin 1964, elle organisa un colloque sur la liberté d'expression et de presse, avec pour orateur René Lévesque.

En 1967, la LDH s'opposa à la loi 52 sur le cinéma en publiant un communiqué portant le titre : «Liberté, décadence et censure», dans lequel elle dénonçait cette loi comme étant un retour en arrière, une porte ouverte au patronage, à la corruption et au contrôle de la liberté académique, doutait de la qualité et de l'indépendance des futurs membres du «Bureau de Surveillance», s'insurgeait contre l'institution de «visas spéciaux» et la création de monopoles locaux d'exploitation de ciné-parcs, et réaffirmait le droit de l'homme d'être traité comme un être intelligent et capable de s'auto-déterminer. «La Ligue, concluait-elle, s'oppose à l'existence même de la censure...»

En 1969, la LDH dénonça publiquement le règlement anti-manifestation de la Ville de Montréal, comme constituant une atteinte aux droits fondamentaux; trouvant à ce règlement des points communs avec la loi du Cadenas, elle exprima ses doutes quant à la légalité et la constitutionnalité dudit règlement, et son inquiétude au sujet de son aspect préventif.

Cette année-là, le libraire Guy Delorme fut reconnu coupable d'avoir eu en sa possession pour les vendre, des exemplaires du livre *Histoire d'O*, déclaré obscène par le juge Jacques Anctil, qui en ordonna la confiscation. L'année suivante, le CA annonça la création d'un comité pour la liberté d'expression, ayant pour rôle de défendre la liberté d'expression en général et venir en aide aux individus — librairies ou éditeurs — brimés. Sitôt créé, le comité lança une campagne de souscription pour permettre d'inscrire en appel la cause du libraire Delorme. À l'aide des souscriptions recueillies, la cause fut effectivement portée en appel, où elle fut plaidée par l'avocat Serge Ménard.

En 1973, dans un jugement avec dissidence, la Cour d'Appel maintenait le jugement de première instance déclarant obscène le livre *Histoire d'O*, mais ordonnait que les exemplaires saisis soient rendus au libraire Delorme.

Entre-temps, l'assemblée générale de 1971, informée par un distributeur de films du problème de la saisie de films en dépit de l'émission d'un visa de censure, avait décidé de publier un communiqué dénonçant toute censure politique, littéraire et cinématographique pour les adultes.

* * *

Ce n'est qu'en 1969 que la Ligue commença à s'intéresser au problème de l'espionnage de groupes de citoyens par la police, de l'accumulation de renseignements et de dossiers sur les individus et de l'utilisation des tables d'écoute. Le CA envoya le télégramme suivant au Comité judiciaire de la Chambre des Communes :

> «La Ligue des Droits de l'Homme du Canada recommande de n'épargner aucun effort en vue de créer une législation s'opposant rigoureusement à toute forme d'atteinte à la vie privée par des moyens d'écoute électronique, et assurant que nos corps policiers soient les premiers à respecter cette loi.»

La question refit surface lorsqu'en 1971 Jean-Marie Cossette, un militant du Mouvement pour la défense des prisonniers politiques québécois, découvrit chez lui un système d'écoute électronique et demanda à la Ligue d'assister à la conférence de presse au cours de laquelle il dénoncerait la chose publiquement. L'assemblée générale des membres de la LDH, qui se réunissait quelques jours plus tard, adopta une résolution, envoyée par la suite aux ministres de la Justice du Québec et du Canada et rendue publique, laquelle exprimait l'indignation de la Ligue face à cette atteinte à l'intimité et la vie privée de l'individu, rappelait sa position de 1969 et enfin félicitait le citoyen lésé qui avait eu le courage de porter cette intrusion à l'attention du public.

* * *

En ce qui concerne les droits des femmes, Thérèse Casgrain s'y intéressait particulièrement ; elle soumit au CA quelques cas individuels et collectifs de discrimination sexuelle, par exemple celui des hôtesses de l'air forcées au célibat et congédiées à l'âge de 32 ans.

Thérèse Casgrain avait mandat d'examiner toutes les législations pouvant affecter les conditions de vie des femmes; c'est ainsi qu'elle présida en 1966 le comité des régimes matrimoniaux chargé de préparer un mémoire à proposer au Comité de Révision du Code civil.

Mais la position la plus remarquable de la Ligue en matière de droits des femmes concerne le célèbre «bill omnibus» présenté en 1968 par le ministre fédéral de la Justice, Pierre Elliott Trudeau. Le CA adopta sur division une proposition présentée par Henry Morgentaler à l'effet que la Ligue, étant en faveur de la liberté individuelle face à l'avortement — et non en faveur de l'avortement comme tel — et reconnaissant les difficultés morales de l'individu face à cette décision, souhaitait une législation plus libérale que celle proposée, qui laisserait à la femme enceinte une discrétion absolue durant les trois premiers mois de sa grossesse.

*   *   *

En avril 1972, pendant la grève du Front commun, la Ligue reçut beaucoup de plaintes émanant de malades, hospitalisés ou non, ou de leurs proches. Elle émit alors un communiqué dont le contenu préfigurait l'importante transformation idéologique qu'elle préparait; sans départager les responsabilités, elle y déclarait que la crise sociale que traversait le Québec était le symptôme d'une relation de plus en plus difficile à vivre entre les citoyens et l'État ainsi que de nombreux corps intermédiaires. Et elle annonçait qu'elle aborderait prochainement cette question de fond, car «c'est cette relation (citoyens/État) qui oriente davantage l'exercice des droits de l'homme dans une société, autant pour les individus que pour l'ensemble des citoyens».

*   *   *

Outre ces dossiers, la Ligue se préoccupa à quelques reprises de violations de droits sur la scène internationale: une première fois en mai 1967, elle s'inquiéta du sort des prisonniers politiques en Grèce après le coup d'état militaire ; puis en 1970, elle dénonça l'utilisation de la torture au Brésil, le génocide du peuple Bengali en 1971, et enfin, la même année, le sort réservé à un juge par la junte militaire grecque.

* * *

La grande majorité des interventions de la Ligue décrites ci-haut au chapitre des dossiers fut portée à la connaissance du public. Mais la LDH intervint aussi privément dans de nombreux cas individuels de discrimination, dont quelques-uns concernaient des immigrants.

* * *

5. BRÈVE CHRONOLOGIE

Durant la première année d'existence de la Ligue, René Hurtubise occupa la fonction de secrétaire. Les procès-verbaux des assemblées du CA et du CE entre le 19 mai 1963 et l'assemblée générale de 1964 sont manquants ; mais une abondante correspondance interne témoigne de l'implication du secrétaire, qui prit en considération les nombreuses plaintes adressées à la Ligue, pour les acheminer, soit directement au CA, soit aux militants des commissions (comités).

Ce faisant, René Hurtubise voyait à ce que soit maintenu le difficile équilibre entre les cas individuels et la défense des principes ; le président en fonction en effet, Alban Flamand, eût plutôt — il le déclarait en assemblée générale — privilégié les seconds au détriment des premiers.

Sous la direction de René Hurtubise l'année suivante, la LDH conserva son élan, soutenant le zèle des militants et intervenant à plusieurs reprises, autant pour corriger une injustice individuelle que pour faire connaître une position de principe.

Le trésorier Pierre Verdy organisa, en mars et avril 1965, une série de conférences destinées à informer les membres de la Ligue et le public sur les thèmes suivants :

1) le divorce ; invité : le juge Walsh ;
2) l'adoption ; invité : Me Coderre ;
3) le bill 16, concernant le statut juridique de la femme mariée ; invitée : Me Pierrette Moisan ;
4) le code criminel ; invité : Me Gilles Duguay.

Ces conférences, malheureusement, ne connurent qu'un succès mitigé.

Lorsque Claude-Armand Sheppard prit la relève de la présidence durant l'année 1965-66, la Ligue commença à montrer des signes d'essoufflement. Le CE avait créé ou réorganisé une multitude de comités ; l'un d'eux, le comité juridique, s'était scindé en six sous-comités. Mais la plupart d'entre eux en restèrent au stade des bonnes intentions ; ceux qui furent efficaces, le furent grâce au militantisme d'un ou deux membres.

Durant toute cette année, le CA ne fut convoqué que deux fois ; il en résulta un surcroît de travail pour les membres du CE. Lors de l'assemblée générale de 1966, le président sortant Claude-Armand Sheppard proposa un amendement aux règlements faisant en sorte que le CA ne soit réuni qu'une fois l'an.

L'assemblée générale s'objecta, invoquant la perte de contact entre le CA et le CE, et la surcharge du CE. Elle décida plutôt que le CA devait être convoqué au moins huit fois par année, et que le CE pouvait le réunir en assemblée spéciale aussi souvent que nécessaire.

En plus de cumuler toutes les tâches, le CE avait, durant l'année 1965-66, grandement privilégié la défense des cas individuels ; et la Ligue n'avait fait qu'une intervention publique. Peut-être faut-il voir là une des explications à la baisse d'intérêt chez les membres qui se révéla lors de l'assemblée générale de 1966 : trente-six membres seulement sur environ trois cents étaient présents, alors que les assemblées générales de 1964 et 1965 avaient réuni plus de quatre-vingts membres.

À l'automne 1966, la nouvelle présidente, Thérèse Casgrain, s'inquiéta pour la survie de la Ligue. Le militantisme ayant diminué, la LDH faisait face à des problèmes de recrutement et conséquemment, à des difficultés financières puisqu'elle ne tirait ses revenus que des seules cotisations des membres.

Afin de renouer avec eux, le CA organisa une série de déjeuners-causeries qui connurent un franc succès. Les thèmes traités furent :

— «Une charte des droits de l'homme à insérer dans le Code Civil lors de sa refonte», par le professeur Frank Scott ;
— «Faut-il interdire la grève?», par Me Philip Cutler ;
— «La psychiatrie et les droits de l'individu», par le Dr Jean-Baptiste Boulanger ;
— «Droits d'assemblée et tactiques policières», par Me Guy Guérin.

Cette heureuse initiative explique probablement en partie le succès de l'assemblée générale de 1967 qui réunit plus de soixante membres sur quatre cent cinquante.

D'autre part, c'est au printemps 1967 que la Ligue, pour la première fois, observa un temps d'arrêt pour s'interroger sur son identité, ses buts et son avenir. Le Comité pour la Défense des Droits de l'Homme ayant réitéré à la Ligue son invitation à le joindre, ceci à un moment où cette dernière était aux prises avec de graves difficultés financières, les membres du CE prirent tout le temps de soupeser cette offre alléchante... avant de la reléguer aux oubliettes.

Thérèse Casgrain reprit les rênes pour une seconde année. En mars 1968, à l'occasion d'une discussion sur les moyens d'accroître l'efficacité de la Ligue, deux tendances divergentes se firent jour, l'une souhaitant voir la LDH se transformer en un club, tandis que l'autre se disait attirée «par l'idée d'un secrétariat adéquatement financé permettant d'entreprendre des tâches plus ambitieuses» ; cette deuxième position remettait en question le principe scrupuleusement observé jusque-là de n'accepter aucune forme de subvention pour préserver l'autonomie de la Ligue. Incapable de résoudre le dilemme, le CA laissa le problème au conseil qui allait lui succéder.

Sous la direction de Claude Forget, le nouveau CA décida d'allouer plus d'importance désormais aux cas concrets qu'aux réformes législatives. Mais le problème de l'efficacité de la Ligue surgit brusquement lorsque peu après, la Canadian Civil Liberties Association of Toronto lui proposa de s'intégrer à une section montréalaise de défense des droits qu'elle comptait implanter. Fin janvier 1969, nouvelle réunion d'orientation où chacun constata l'état de stagnation de la Ligue; bien que la majorité eût exprimé sa réticence par rapport au projet de la CCLA, le CA se scinda de nouveau en deux factions au sujet de l'avenir de la Ligue, l'une isolationniste, méfiante vis-à-vis des organisations extérieures, l'autre souhaitant au contraire une collaboration avec les autres groupes de promotion des droits.

Quelques semaines plus tard, le président Claude Forget démissionnait, expliquant qu'à la suite de la réunion d'orientation, il en était venu à penser que la Ligue était un anachronisme. «Elle ne fonctionne pas, dit-il, et ce fait ne s'explique pas uniquement par le manque de temps. La Ligue se compare aux bonnes œuvres : elle n'intervient qu'en cas de brimade sérieuse des Droits fondamentaux de l'homme. De plus, elle est dirigée par des gens qui ne vivent pas ces brimades, mais qui s'y intéressent en dilettantes.» Ajoutant qu'intervenir au moyen de communiqués dans les journaux pour faire valoir des droits ne donnait pas grand-chose, Claude Forget conclut en disant qu'il ne croyait plus à l'action actuelle de la Ligue ni à son efficacité.

À l'assemblée générale qui suivit, treize membres étaient présents, qui s'interrogèrent sur les buts et les motivations de la Ligue. La lourdeur des structures de la LDH fut mise en cause, ainsi que la primauté de l'aspect juridique du droit, «sans conviction et sans âme», sur son aspect dynamique. Furent également évoqués le manque de communication et le manque de liens entre les différents champs d'intérêt de la Ligue.

Les membres firent plusieurs suggestions au nouveau C.A. : instituer un comité de vigilance, s'ouvrir aux autres groupes, se préoccuper des droits collectifs, se donner des projets à moyen terme (un an) et à long terme, etc.

L'année suivante s'écoula sous la présidence de Thérèse Casgrain sans que des changements majeurs ne fussent instaurés à la Ligue. L'assemblée générale de 1970 réunit un peu plus de trente membres sur cent trente-trois.

En 1970-71, la Ligue commença à sortir de sa léthargie. Le président, Jacques Hébert, convoquait à toutes les deux semaines un CA qui comptait plusieurs nouvelles figures. C'est à cette époque que fut évoquée pour la première fois la possibilité pour la Ligue d'obtenir une subvention fédérale, possibilité qu'avait laissé entrevoir le secrétaire d'État Gérard Pelletier : mais le CA était profondément divisé à ce sujet.

À l'automne 1970, les événements que l'on sait paralysèrent le fonctionnement normal de la Ligue. L'adoption de la loi sur les mesures de guerre fit éclater un conflit qui couvait depuis quelque temps entre les éléments conservateurs du CA et des nouveaux venus qui rêvaient de rajeunir la Ligue.

Tandis que les premiers appuyaient inconditionnellement la loi sur les mesures de guerre, d'autres — parmi les seconds — s'y opposaient farouchement ; par ailleurs, bon nombre de membres du CA étaient hésitants : fallait-il douter de la bonne foi de Pierre Elliott Trudeau ?

Car la Ligue des années 1960 était fière de ses origines ; en 1968 encore, la présidente Thérèse Casgrain soulignait dans son rapport à l'assemblée générale :

> «La session parlementaire qui s'est terminée il y a quelques semaines nous a apporté une moisson particulièrement abondante de projets de loi encourageants et souvent en étroite harmonie avec les principes qui inspirent la Ligue des Droits de l'Homme. Ceci n'est d'ailleurs pas sans rapport

avec la personnalité du ministre de la Justice — maintenant premier ministre — et membre fondateur de la Ligue. »

Comment, deux années plus tard, des militants qui avaient mené avec lui maintes batailles pour la liberté et la démocratie, pouvaient-ils douter des appréhensions de Pierre Elliott Trudeau au sujet d'une « insurrection » au Québec ?

Par ailleurs, comment des militants d'un organisme créé pour défendre les droits et libertés pouvaient-ils appuyer une loi sur les mesures de guerre votée en temps de paix ?

Il en résulta un communiqué ambigu (voir page 80), qui appuyait sans appuyer, et dont se servit par la suite Pierre Elliott Trudeau au cours d'une émission diffusée au réseau anglais de Radio-Canada, lorsqu'il déclara que les associations de libertés civiles des provinces anglophones avaient dénoncé la loi sur les mesures de guerre, mais que la Ligue des Droits de l'Homme de Montréal, elle, qui était sur la ligne de feu, l'avait approuvée.

La Ligue demanda au premier ministre de rétablir les faits. Celui-ci refusa. Et le CA dut reconnaître que c'est sa propre attitude qui lui avait valu cette position inconfortable, et renoncer à poursuivre le débat.

Le CA de la Ligue fut sévèrement blâmé par les groupes contestataires et les syndicats, que les mesures de guerre avaient lésés, et également par plusieurs membres de la Ligue, pour son manque de fermeté en octobre 1970.

Le 24 mars 1971, une vingtaine de manifestants, membres du Mouvement pour la défense des prisonniers politiques, occupa les bureaux des Éditions du Jour, dont Jacques Hébert était le président-directeur ; la maison d'édition s'apprêtait justement à lancer un livre de Gérard Pelletier intitulé : *La crise d'octobre*.

Brandissant des affiches sur lesquelles on pouvait lire : « La Ligue des Droits de l'Homme, la Ligue du Silence », les mécontents remirent à Jacques Hébert une liste de quatorze points à propos desquels ils estimaient que l'organisme avait failli à son rôle ; ils ne manquèrent pas d'insister sur la « récompense » attribuée à la LDH par le gouvernement fédéral : celle-ci, en effet, venait tout juste de toucher sa première subvention du Secrétariat d'État (21 000 $).

Ces reproches publics ébranlèrent visiblement le CA, qui reconnut avoir négligé trois des quatorze points soumis par les manifestants, et qui se mit aussitôt au travail en vue de présenter des propositions précises sur ces trois points à l'assemblée générale.

C'est à cette époque que la Ligue engagea ses deux premiers permanents : un directeur général à demi-temps, Me Pierre Jasmin, et une secrétaire à temps plein, Monique Rochon.

L'assemblée générale du 26 avril 1971 fut houleuse : elle dut même être ajournée, l'ordre du jour n'étant pas épuisé. Nombreux furent les membres qui reprochaient à la Ligue

Jacques Hébert.

Voyageur infatigable, journaliste et éditeur, Jacques Hébert s'est distingué par sa courageuse dénonciation des irrégularités ayant entaché le procès de Wilbert Coffin, geste qui lui a valu d'être accusé d'outrage au tribunal et emprisonné.

Membre fondateur de la Ligue des Droits de l'Homme, Jacques Hébert siégea à son conseil d'administration en 1963-64, puis de 1968 à 1972 ; il fut président de la LDH de 1970 à 1972. En 1983, il a été nommé sénateur.

d'avoir accepté une subvention du gouvernement fédéral ; certains d'entre eux l'exhortèrent même à rendre l'argent. Finalement, au terme d'un débat long et animé, l'assemblée se rallia à la proposition suivante : «que la subvention soit annuelle et sujette à l'approbation de l'Assemblée».

La présence d'une permanence fit bientôt sentir ses effets : les assemblées du CA devinrent plus longues et plus denses, et ses initiatives purent désormais être menées à terme.

Mais là n'était pas le seul facteur de changement à la Ligue. Le nouveau vice-président, Maurice Champagne, s'y était amené avec des idées bien arrêtées sur le but et le fonctionnement d'une Ligue des Droits de l'Homme. De plus, il faisait preuve d'une disponibilité qu'aucun membre du CA n'avait eue jusque-là. Il animait avec beaucoup d'efficacité le nouveau comité sur l'administration de la justice. Grâce à son dynamisme, son influence sur le CA était considérable, et il prit bientôt le leadership de l'aile progressiste de la Ligue.

En décembre 1971, il lança l'idée d'un manifeste qui définirait l'orientation de la Ligue et pourrait servir à des fins de recrutement. Le CA lui donna mandat de réunir un comité qui se pencherait sur la question.

Dès février 1972, le manifeste était déposé à l'assemblée du CA : il s'agissait en réalité d'un projet de transformation en profondeur de la Ligue. Invoquant les changements importants imprimés à la société québécoise depuis 1963, le document exhortait l'organisme à s'adapter au nouveau contexte social, en lui indiquant de nouvelles priorités : le droit des défavorisés de vivre décemment dans une société d'abondance, le droit à l'égalité des femmes, des vieillards, des jeunes, des minorités ethniques, le droit des citoyens d'être informés pour mieux résister aux diverses formes d'exploitation, le droit pour tous enfin de participer à la gestion des institutions. En conclusion, le manifeste proposait une restructuration de la Ligue, propre à la munir des instruments nécessaires pour répondre à sa nouvelle vocation.

L'assemblée générale de 1972, en donnant la victoire aux partisans du changement, consacra la rupture de la Ligue avec son passé juridique.

* * *

6. CONCLUSION

La Ligue des Droits de l'Homme des années 1960 fondait une bonne part de sa crédibilité sur le prestige des membres de son conseil d'administration, qu'elle recrutait après une rigoureuse sélection.

Son monde de fonctionnement, qui lui valut souvent d'être comparée à un club select, ne lui est pas exclusif: l'Association des Consommateurs du Québec commença elle aussi sa carrière par des réunions de dames bourgeoises dans le salon de l'une d'entre elles. Mais après que l'État eût créé une institution gouvernementale (Office de Protection du Consommateur) prenant charge des dossiers qu'elle défendait précédemment, elle tenta de s'implanter dans les couches populaires.

Durant les années 1960, semblable groupe pouvait atteindre des résultats intéressants. La Ligue des Droits de l'Homme par exemple, réussit à influencer à quelques reprises le pouvoir politique, soit directement, par ses mémoires, soit indirectement, par ses dénonciations publiques: ainsi, c'est en bonne partie grâce à ses dénonciations des tactiques policières abusives que fut créée la Commission Prévost; et lors de sa comparution, elle impressionna les commissaires par sa recommandation relative à l'indemnisation des victimes d'actes criminels, qui devint une réalité en 1972. De plus, outre la tenue d'enquêtes du coroner et de la Commission de Police qu'elle réclama et obtint, la Ligue des années 1960 n'est certes pas étrangère au fait que le gouvernement Bourassa envisagea un jour la possibilité d'adopter une charte des droits.

Par contre, l'élitisme dont faisait montre la LDH pouvait se révéler un facteur de paralysie et d'inefficacité. Dans son rapport à l'assemblée générale de 1964, Maurice Marquis, président de la Commission des Études Juridiques, se plaignait de l'inertie des membres de son comité ; beaucoup d'avocats s'y étaient inscrits, mais seulement deux ou trois avaient réellement travaillé. Et il concluait ainsi :

> « Les membres de la Ligue devraient être contactés beaucoup plus souvent. Ce ne sont pas ceux dont les noms brillent le plus qui peuvent nous apporter le meilleur concours. Ils sont trop pris par leurs activités professionnelles diverses. Par contre, je suis certain que bien des membres de la Ligue ne demanderaient pas mieux que de se dévouer à la poursuite de ces idéaux. Ces personnes sont souvent trop gênées pour imposer leurs services. C'est à nous d'aller découvrir les bonnes volontés et de les mettre à l'œuvre. »

Tout de même, si l'on considère que bien souvent une poignée de militants — toujours les mêmes — effectuèrent à eux seuls tout le travail, et si l'on ajoute à cela l'absence totale d'infrastructure, il reste que la somme des interventions effectuées par la Ligue durant sa période juridique a de quoi impressionner et, pourrait-on ajouter, inspirer la LDL des années 1980.

LA PÉRIODE SOCIALE DE LA LIGUE
(1972-1975)

1. UNE NOUVELLE ORIENTATION

Dans sa version finale, c'est un Manifeste ambitieux que la Ligue des Droits de l'Homme rendit public le 28 septembre 1972 ; il faisait état du projet qu'avait la Ligue d'abandonner son poste périphérique d'observation et de recensement des violations de droits, pour devenir un instrument vivant de transformation sociale.

S'employant à décrire de la façon la plus exhaustive possible l'état des droits au Québec en 1972, le document pointait d'abord du doigt les minorités sociales dont les droits étaient constamment bafoués : vieillards, femmes, handicapés, immigrants, Indiens, détenus, enfants abandonnés, travailleurs non syndiqués, familles nombreuses, étudiants contestataires, groupes de pression ; puis il énumérait quelques acquis de récente date (par exemple, loi de l'aide juridique, création des Associations Coopératives d'Économie Familiale) pour en démontrer ensuite l'insuffisance ou la mauvaise utilisation.

L'exercice des droits étant largement tributaire d'un contexte social propice, le Manifeste proposait un projet de société de participation qui renverserait

> « la pyramide qui caractérise l'organisation sociale actuelle et par laquelle une infime minorité d'individus décident du destin de la majorité chaque jour... »

et établissait la nécessité de développer certaines attitudes propres à faire évoluer les mentalités : pluralisme, tolérance, positivité, prévention.

Du fait de son caractère pluraliste, la Ligue s'assignait un rôle central et prépondérant dans la réalisation de cette société de participation. Elle entendait se mettre à la portée du public, qu'il lui revenait d'informer sur les recours déjà existants pour faire respecter ses droits ; puis, en élaborant des dossiers étoffés, elle projetait de sensibiliser la population aux violations de droits afin que s'exercent les pressions nécessaires aux changements souhaités.

En conclusion à son Manifeste, la Ligue annonçait son programme immédiat :

— créer un centre d'information, de documentation, de recherche et de consultation sur les droits ;
— intensifier ses services de référence et de consultation ;

— créer un Office permanent pour les droits des détenus et un Office permanent pour les droits des personnes âgées;

— former un comité d'action-recherche sur les questions relatives aux droits de la femme;

— étudier en priorité la question de la Charte québécoise, de la police, de la peine de mort, de la protection de la vie privée, du traitement obligatoire imposé aux toxicomanes et aux criminels sexuels, de l'amélioration de certaines législations;

— organiser des activités propres à sensibiliser la population québécoise aux droits de l'homme : colloques, campagne de recrutement;

— créer des comités régionaux.

Ce programme d'envergure en fit sourire quelques-uns; l'éditorialiste Jean-Claude Leclerc qualifia de naïve la philosophie de participation élaborée dans le Manifeste. Des militants des années 1960 estimèrent que la Ligue avait trahi ses objectifs fondamentaux en se préoccupant de droits collectifs, et quelques-uns la soupçonnèrent de «péquisme».

Pourtant, certaines préoccupations de la «nouvelle Ligue» étaient en continuité avec celles de l'«ancienne»: les droits des détenus, les abus des forces policières, la Charte québécoise. C'est dans le mode d'intervention que se trouvait la différence: alors que la Ligue des années 1960 intervenait après coup pour redresser des torts particuliers infligés à un détenu par exemple, celle de 1972 voulait, sans exclure le mode d'action précité, faire des pressions pour améliorer le sort de la collectivité des détenus. Elle comptait, grâce à l'information et la sensibilisation, prévenir des situations de crise comme celle d'octobre 1970, ou l'affrontement Front commun/État au printemps 1972.

Certes, en choisissant de défendre aussi les droits collectifs, la Ligue prêtait flanc à la critique: les accusations de partisanerie politique ne pouvaient manquer de fuser dès lors que la Ligue se pencherait sur le droit du Québec à l'autodétermination, ou sur les droits linguistiques.

La Ligue des Droits de l'Homme voulait défendre tous les droits, en les abordant de la façon la plus large possible : l'ampleur de la tâche avant de quoi décourager le premier venu. Mais pour le nouveau directeur général, Maurice Champagne, elle eut plutôt un effet stimulant.

Philosophe, psychologue et homme de lettres tout à la fois, Maurice Champagne avait une conception humaniste des droits qui imprégna la Ligue durant toutes les années où il y milita. Les dossiers en friche qui l'attendaient convenaient tout à fait à son esprit inventif et ses énormes capacités de travail. D'ailleurs, n'avait-il pas lui-même défini sa tâche en rédigeant et défendant le Manifeste ?

La lecture du Manifeste avait inspiré à Jean-Claude Leclerc la réflexion suivante : La Ligue «ne pourra tenter comme elle se propose de le faire de 'renverser la pyramide' sociale actuelle (...) sans entrer en contradiction et en lutte avec les 'autorités en place'!»

Il est vrai qu'en voulant bâtir un contexte social propice à l'exercice des droits, la Ligue interpellait directement l'État. Pourtant, c'est une politique de négociation avec le pouvoir qu'elle allait adopter durant la Période sociale, période au cours de laquelle Maurice Champagne mettrait à contribution ses talents de stratège pour «arracher» une Charte des droits au gouvernement québécois. La politique de combat n'allait venir qu'après l'adoption de la Charte... et le départ de Maurice Champage.

Malgré le dynamisme et l'envergure de son directeur général, la Ligue ne pouvait, cela va de soi, réaliser tout son programme. Durant la Période sociale, elle privilégia les droits qui lui semblaient le plus menacés.

En adoptant le Manifeste, le CA de 1972 n'avait peut-être pas conscience de doter la Ligue d'un plan à long terme : pourtant, durant la décennie suivante, des militants formèrent, à un moment ou un autre, un comité de travail — ou ouvrirent un dossier — sur les droits de chacune des minorités sociales désignées dans le Manifeste.

2. DE NOUVELLES STRUCTURES

Le 1er décembre 1972, les membres de la Ligue, réunis en assemblée générale spéciale, amendaient de façon importante la constitution de leur organisme, afin de lui donner des structures adéquates à sa nouvelle orientation.

La constitution amendée faisait de la Ligue un mouvement voué à la défense des droits individuels et collectifs, offrant un service public, accessible, permanent et gratuit, et professant un préjugé favorable aux individus et groupes de citoyens les plus défavorisés.

La cotisation, qui avait été haussée à 10 $ en 1970, était ramenée à 2 $, et les personnes aspirant à devenir membres de la Ligue n'avaient plus à être acceptées par le conseil d'administration ; le nouvel article 106 assignait aux membres une fonction de participation active et exigeait d'eux une attitude foncièrement pluraliste et positive.

Le conseil d'administration pouvait compter jusqu'à vingt et un membres, le minimum étant de quinze, et devait représenter autant de milieux, d'âges, d'occupations et de groupes de citoyens que possible. Il devait se réunir au moins huit fois par année. Responsable des grandes orientations de la Ligue, il lui revenait de s'assurer de leur application.

Le comité exécutif, dont le nombre de membres passait de cinq à six, devenait un véritable comité de travail, exécutant les politiques et priorités de la Ligue ainsi que les mandats à lui confiés par le CA ; il devait se réunir régulièrement et travailler en étroite collaboration avec le directeur général.

Les qualités et le statut de ce dernier faisaient l'objet de nouveaux articles du règlement numéro 2. Tant au chapitre des talents et compétences exigés qu'à celui des fonctions, c'est le portrait d'un véritable homme-orchestre qui était esquissé dans ces lignes.

3. UN NOUVEAU CONSEIL D'ADMINISTRATION

Du moment qu'il était créé, le poste de directeur général à temps plein de la Ligue — ou, plus tard, de coordonnateur — devenait le poste-clé. La vitalité et l'efficacité de l'organisme dépendaient directement du dynamisme de la personne qui occupait ce poste.

En 1972, Maurice Champagne était l'homme de la situation, tout désigné pour mettre en branle le nouveau programme de la Ligue et incarner la nouvelle image publique que celle-ci souhaitait projeter. Mais tout ce branle-bas fut grandement facilité par l'appui soutenu que reçut le directeur général de la part du conseil d'administration et surtout du comité exécutif. À cette époque, en effet, être membre de l'exécutif signifiait participer à la réunion hebdomadaire en plus de s'impliquer régulièrement dans un dossier.

Par sa composition, le CA élu en juin 1972 et complété après l'assemblée générale spéciale du mois de décembre suivant, se distinguait nettement du précédent : quatre avocats seulement y siégeaient, entourés de philosophes, d'une criminologue, d'un sociologue, d'un psychologue, d'une travailleuse sociale, d'une journaliste, d'un chimiste ex-détenu, et de militants-e-s auprès des femmes, des jeunes, des travailleurs non syndiqués et des milieux défavorisés.

Ce conseil d'administration, quoique toujours élitiste puisque constitué presque exclusivement de diplômés universitaires, allait se caractériser par des interventions où la dimension sociale des droits, hautement complexe et flexible, l'emporterait sur l'immobilisme juridique.

4. DÉVELOPPEMENT

À l'automne 1972, moment où elle rendit publique sa nouvelle vocation, la Ligue s'attacha à transformer ses locaux en conformité avec l'image d'accueil et d'accessibilité qu'elle souhaitait se donner. Mettant à profit le large espace piétonnier qui s'étalait devant sa porte au 3411, rue Saint-Denis, elle installa un immense panneau-réclame que les passants ne pouvaient pas manquer de voir. Cette initiative lui attira de multiples adhésions.

Mais bien davantage que les transformations physiques, c'est la présence accrue de la Ligue dans la société québécoise qui lui valut son succès. Succès qui dès l'assemblée générale du 24 mai 1973 pouvait se comptabiliser en termes de nombre de membres — le montant global des cotisations était plus élevé qu'en 1972 malgré la réduction du tarif de 10 $ à 2 $ — et de bénévoles, de nombre de groupes et associations disposés à appuyer la Ligue, et de sources de financement.

Photo Luc Belisle, Le Journal de Montréal

Léo Cormier.

L'enfance de Léo Cormier dans les orphelinats, puis son expérience comme serveur et comme débardeur, les injustices dont il fut témoin et victime, l'orientèrent, devenu adulte, vers la fonction de travailleur social. Il avait, pour dénoncer l'injustice, un langage simple, coloré, personnel, celui de la conviction. La qualité de son engagement en fit un intervenant recherché par différents organismes sociaux et communautaires. Léo Cormier fut membre du conseil d'administration de la LDH en 1972, et président de 1973 à 1976.

Hostile à toute violence, il se plaisait à dire qu'il trouvait à la Ligue le moyen de réaliser ce qu'il aurait dû faire autrement avec une carabine.

Léo Cormier est décédé le 9 mars 1984.

En un an, la Ligue était intervenue dans de multiples dossiers. À chaque fois que nécessaire, Maurice Champagne avait su dénicher la ou les personne(s)-ressource(s) apte(s) à garantir la qualité de l'intervention. Résultat: la crédibilité de l'organisme s'était considérablement développée; dans de multiples milieux désormais, on connaissait la Ligue des Droits de l'Homme, on suivait avec intérêt ses interventions, et on recourait à elle au besoin.

Précédée de sa nouvelle réputation, la Ligue découvrit de multiples oreilles sympathiques lorsqu'elle entreprit de donner suite à un vœu de l'assemblée générale en diversifiant ses sources de financement: outre des subventions des ministères québécois de la Justice et de l'Éducation, la Ligue se vit octroyer des fonds pour différents projets à court terme, et quelques dons privés.

C'est à cette époque qu'elle entreprit des démarches — qui allaient bientôt se révéler pénibles et interminables — pour se faire reconnaître comme société de bienfaisance, afin d'être admissible à des subventions privées et, éventuellement, en faire la base de son financement.

Pour donner forme à son projet, annoncé dans le Manifeste, d'organiser des colloques sur les droits, la Ligue eut l'idée d'instituer une série d'enquêtes publiques intitulée «Les Dimanches des Droits de l'Homme», consacrées l'une après l'autre à différentes collectivités; c'est ainsi qu'eurent lieu:

— le dimanche des travailleurs non syndiqués, particulièrement les travailleurs à domicile, le 26 novembre 1972;

— le dimanche des droits de l'enfant, le 10 décembre 1972, qui donna lieu au regroupement de vingt-deux organismes intéressés à réagir au projet de loi 65 pour la protection de la jeunesse;

— le dimanche des droits des personnes âgées, le 6 mai 1973;

— le «dimanche» des droits des détenu-e-s, les 8 et 9 décembre 1973;

— le dimanche des droits de la femme, le 12 mai 1974 à Rouyn-Noranda;

— le « dimanche » sur le racisme, les 17 et 18 mai 1974.

Le dimanche des droits des personnes handicapées, qui devait se tenir à Québec le 12 mai 1974, dut être annulé à cause de dissensions idéologiques au sein des groupes organisateurs.

Ces dimanches, ouverts au grand public, connurent un grand succès et bénéficièrent d'une excellente couverture de presse.

5. UN GRAND DOSSIER : LA CHARTE QUÉBÉCOISE

Avec la mise en place de la nouvelle Ligue, s'instaura rapidement l'habitude de rencontrer les autorités politiques pour négocier. C'est à l'été 1972, au cours d'une telle rencontre, que le ministre québécois de la Justice Jérôme Choquette donna beaucoup d'espoirs aux représentants de la Ligue quant à l'éventuel dépôt d'un projet de Charte des droits. Mais dès l'automne suivant, il effectuait un retrait important, craignant de faire surgir un débat interminable autour des droits linguistiques.

Le gouvernement Bourassa s'appuyait sur le manque d'intérêt de la population à l'égard d'une Charte des Droits pour en retarder indéfiniment l'adoption. D'autre part, les chefs des partis d'opposition, René Lévesque (P.Q.), Gabriel Loubier (U.N.) et Armand Bois (C.S.), interrogés eux aussi par les représentants de la Ligue, étaient unanimes à déclarer qu'ils ne voyaient aucune urgence à doter la population québécoise d'une Charte des droits. Une large campagne de sensibilisation s'imposait donc prioritairement aux militants de la Ligue.

Fin novembre 1972, des rumeurs circulèrent à l'effet que le ministre Choquette s'apprêtait à déposer un projet de Charte. Mais il s'agissait d'un projet se limitant à cinq ou six articles prohibant la discrimination dans quelques secteurs précis ; de plus, la Commission chargée de l'appliquer était redevable au ministre de la Justice.

Le conseil d'administration de la Ligue créa un comité d'étude ayant pour mandat de mettre au point un document alternatif au projet gouvernemental. La Charte que revendiquerait la Ligue serait en quelque sorte une version juridique québécoise de la Déclaration universelle des Droits de l'Homme ; elle engloberait tout autant le droit public que le droit privé, tout autant les droits sociaux que les droits individuels. Enfin, elle serait un texte fondamental ayant une fonction pédagogique par rapport aux autres lois.

Chargé de créer ce comité, Maurice Champagne se mit aussitôt à l'œuvre et s'adjoignit Jacques Tellier pour préparer un document préliminaire ainsi qu'un plan d'action. Cependant, parallèlement à ces activités, il menait avec le ministre Choquette — qu'il rencontrait régulièrement — des négociations officieuses, comme nous le révèlent les procès-verbaux.

Dès février 1973, le comité avait terminé, après maintes corrections et retouches, la rédaction d'un document préliminaire devant être soumis à des avocats chargés d'illustrer la Charte par des exemples tirés de la législation.

Fin mars, le comité rencontra une vingtaine de consultants (juristes, syndicalistes, juges, etc.) pour recueillir leur opinion sur le projet complété : tous se dirent d'avis qu'il s'agissait là d'un texte de grande qualité, pouvant servir de base à un débat sur un nouveau contrat social pour les Québécois.

Le document fut imprimé en 300,000 copies sous la forme d'un dossier-journal incluant deux pages de photographies sur les droits de l'homme au Québec. Il fut rendu public au cours d'une conférence de presse précédant l'assemblée générale le 24 mai 1973, conférence à laquelle étaient conviés deux cents invités représentant les syndicats, les groupes de citoyens, le Conseil du Patronat, les Églises, les corporations professionnelles, l'administration de la justice, les corps intermédiaires et autres.

Les media n'accordèrent que peu d'attention au projet de Charte de la Ligue. Par contre, un grand nombre d'organismes se présentèrent à la conférence de presse, et dans les jours et les mois qui suivirent, les demandes d'exemplaires du dossier-journal affluèrent à la Ligue, qui en distribua 50,000. Les quotidiens *Le Devoir* et *La Presse* en insérèrent respectivement 50,000 et 100,000 copies dans leur édition du 25 mai, tandis que *Le Soleil* consacrait au document une page complète le même jour.

La Ligue adressa copie de son projet aux députés provinciaux; en juin, elle rencontra les chefs de partis, qui manifestèrent la même indifférence que la première fois.

Durant les mois qui suivirent la conférence de presse, des contacts furent établis avec tous les groupes susceptibles d'être intéressés par le projet. Le directeur général et des membres du CE participèrent à des émissions de radio et de télévision, à des lignes ouvertes, donnèrent des conférences, accordèrent des entrevues aux journaux. Les membres de la Ligue furent convoqués à deux reprises en assemblée générale spéciale pour étudier en ateliers les différents thèmes contenus dans la Charte.

Ce que souhaitait la Ligue, c'était inspirer une vaste campagne de consultation à l'échelle de la province, au cours de laquelle les différents groupes sociaux seraient appelés à discuter, modifier et compléter les articles du document qui les concernaient plus particulièrement. La Charte deviendrait ainsi un projet collectif, lequel serait adopté lors d'un congrès provincial au cours de l'automne.

Par ce projet d'envergure, la Ligue visait à poser les premiers jalons d'une société de participation: la procédure suivie pour la Charte pourrait ensuite servir d'exemple à une nouvelle façon d'élaborer les lois à partir des citoyens.

Malheureusement, ses maigres ressources financières l'empêchèrent de mener son projet à terme, les bailleurs de fonds sollicités remettant sans cesse à plus tard leur réponse. Néanmoins, quelque quatre cents organismes furent rejoints durant l'été et l'automne 1973.

Au début de l'année suivante, le Mouvement Desjardins se montra disposé à contribuer financièrement au projet d'animation sur la Charte à l'échelle de la province; la Ligue se préparait donc à remettre son projet sur pied lorsque le gouvernement annonça dans le discours du Trône son intention d'adopter une Charte des droits sitôt arrêtée sa politique en matière linguistique.

Mais le débat linguistique ne semblait pas prêt de prendre fin, et tant qu'il tenait les esprits occupés, il était inutile de tenter de susciter un débat autour de la Charte.

La Ligue décida plutôt de répondre par un communiqué au discours du Trône en précisant les principaux points que le futur projet de loi devrait respecter, et tout d'abord elle rappela que «le domaine des droits de l'homme n'est pas d'abord le judiciaire ni même le juridique, car il comprend autant les droits qui ne sont pas acquis ou bien protégés par les lois, les règlements, les services et les politiques en cours, que les droits acquis et suffisamment protégés».

Réaffirmant la nécessité d'une Charte qui soit une loi fondamentale à laquelle toute modification ou dérogation doit faire l'objet de procédures exceptionnelles, le communiqué soulignait ensuite l'importance du rôle de la Commission tel que la Ligue le concevait: «surveiller les droits acquis, améliorer leurs conditions d'exercice et faire reconnaître de nouveaux droits».

Après maintes recommandations touchant le fonctionnement, les pouvoirs et le budget de la Commission, la Ligue concluait que la Charte devait refléter les «aspirations humaines profondes (des Québécois) et leur volonté réelle de qualité de civilisation».

En mars 1974, le Conseil Consultatif de la Justice entreprit l'étude du projet de Charte du ministre Choquette. La Ligue sollicita une entrevue, qu'elle prépara soigneusement, tout en multipliant les contacts avec les media d'information pour accroître la pression sur le gouvernement. Devant le Conseil, elle revendiqua une Charte généreuse, à valeur pédagogique, accessible à tous, et une Commission indépendante.

À la suite du témoignage de la Ligue, le ministre de la Justice invita le Conseil à préparer une Charte qui comporterait deux parties, l'une ayant l'allure d'un code contenant des dispositions pouvant faire l'objet de recours devant les tribunaux, et l'autre étant une déclaration de principe inspirée du projet de la Ligue.

Le 29 octobre 1974, le ministre Choquette déposait le projet de loi no 50 intitulé : «Loi sur les droits et libertés de la personne». Quelque dix jours auparavant, le conseil d'administration de la LDH, apprenant le dépôt imminent du projet de Charte, avait constitué un comité ayant pour mandat de définir la réaction immédiate de la Ligue et de préparer un mémoire à la Commission parlementaire ; Jacques Desmarais, membre du C.E., Aline Gobeil, recherchiste à la Ligue et le directeur général Maurice Champagne, composaient ce comité.

Le jour même du dépôt du projet de loi 50, le conseil d'administration recevait les commentaires du comité d'étude, et décidait d'intervenir publiquement dès le lendemain. Le 30 octobre à midi, le directeur général communiquait à la tribune parlementaire de la presse la première réaction de la Ligue. Celle-ci voyait dans le projet de loi 50 plusieurs raisons de se réjouir : par son ampleur et son inspiration, il plaçait le Québec à l'avant-garde de tout le Canada ; sa section portant sur la Commission était remarquablement bien faite — elle correspondait à 70% au contenu du projet de la Ligue — et garantissait son indépendance ; enfin, il s'agissait d'un texte de lecture facile et offrant des possibilités de diffusion et d'animation pédagogique et sociale.

Par contre, la Ligue faisait remarquer que l'article 45 faisant de la Charte une loi n'ayant pas priorité sur les autres, et l'article 60, limitant les pouvoirs d'enquête de la Commission aux seuls cas de discrimination, réduisaient gravement la portée de la Charte. Soulignant enfin l'absence dans le projet de loi 50 du droit à l'information ainsi que de plusieurs droits sociaux, économiques et politiques, la Ligue en conclusion pressait les groupes à se présenter nombreux devant la Commission parlementaire pour «signifier au gouvernement l'importance que cette législation doit avoir».

Durant le mois de novembre, le comité d'étude prépara le mémoire de la Ligue et participa à de nombreuses émissions de radio et de télévision qui furent autant d'occasions d'inciter les groupes à faire valoir leur point de vue sur le projet Choquette.

La Ligue comparut la première en Commission parlementaire, le 21 janvier 1975. Elle y déposa avec la première partie de son mémoire, son propre projet de Charte pour fins de comparaison. Elle constata d'abord qu'il y avait accord entre les deux projets sur l'objet précis de la loi : l'État avait choisi de présenter une législation conciliant deux types extrêmes qu'il fallait surtout se garder de choisir isolément, soit d'une part, un code axé sur la non-discrimination et d'autre part, une déclaration de principe — telle la Déclaration canadienne des Droits — qui ne serait pas appuyée par des moyens judiciaires et administratifs. Se disant convaincue de la pertinence de son propre projet, la Ligue déplora que l'État soit resté au seuil d'une démarche qu'il aurait fallu franchir de plain-pied, en ne présentant pas une loi fondamentale.

Puis elle explicita sa propre conception, large et généreuse, des droits et de leur développement, comme elle l'avait fait si souvent depuis la publication du Manifeste, avec peut-être cette fois le sentiment de vivre un moment historique.

Enfin, elle passa à l'étude des valeurs et lacunes du projet de loi 50 qui, bien qu'il répondît par son esprit aux aspirations de la Ligue, n'en présentait pas moins d'innombrables oublis, auxquels elle proposa de remédier par cinquante-huit recommandations.

6. LES DROITS DE LA FEMME

La publication en juin 1973 par le journal *Nouvelles Illustrées* d'un supplément sur l'avortement dans lequel le nom de la Ligue avait été utilisé à son insu, tomba à point nommé ; elle offrait à la LDH l'occasion de poser un geste concret en faveur d'une collectivité qu'elle avait, dans son Manifeste, désignée comme « minorisée ».

À cette époque, le débat sur l'avortement, extrêmement polarisé, n'avait pas l'ampleur qu'on lui connaît aujourd'hui. La Ligue estima le moment venu de faire le point sur la situation en élargissant le débat pour considérer le contexte social dans lequel a lieu l'avortement.

À cette fin, elle créa un groupe de travail multidisciplinaire ayant pour mandat de formuler une prise de position sur l'avortement. Le groupe était constitué des personnes suivantes :

— Guy Bourgeault, s.j., moraliste
— Gustave Denis, médecin
— Monique Dubreuil, avocate
— Lisette Gervais, mère de famille
— Stella Guy, spécialiste en planning familial
— Michèle Rinfret, psychologue
— Raphaël Piro, généraliste, réalisateur d'émissions religieuses à Radio-Canada
— Monique Rochon, secrétaire-recherchiste
— Maurice Champagne, coordonnateur du groupe de travail.

Par la suite, le comité s'adjoignit Nicole Lamarche, démographe, et Aline Gobeil, recherchiste.

À la mi-décembre 1973, le groupe déposait pour discussion son rapport préliminaire à l'assemblée du conseil d'administration ; celui-ci entérina l'orientation générale du document, et invita le comité à mettre l'accent sur l'aspect positif de l'approche sociale de la Ligue. En février 1974, le CA adoptait le rapport final et décidait de le faire publier.

Une consultation effectuée le mois suivant auprès d'une vingtaine de personnes confirma l'opinion du CA sur l'excellente qualité du dossier.

C'est le 8 mai 1974, au cours d'une conférence de presse, que fut lancé le livre de la LDH intitulé : *La société*

Photo Le Journal de Montréal.

Conférence de presse de la Ligue des Droits de l'Homme annonçant le lancement du livre *La société québécoise face à l'avortement*, le 8 mai 1974. Mme Lizette Gervais, co-auteure et membre du conseil d'administration, et M. Maurice Champagne, coordonnateur du groupe de travail et directeur général de la LDH.

Photo Jean-Pierre Joly.

Cet ouvrage de 180 pages, réalisé par un groupe de travail multidisciplinaire de onze personnes, concluait, après évaluation de la situation de l'avortement au Québec, que celui-ci n'est pas un droit mais une mesure d'exception, et que nous ne pouvons pas «demander à la femme de payer de sa personne le prix que notre société n'a pas voulu payer encore en services et en politiques humaines, en lui refusant l'avortement, dans le cas où elle estime que ça lui est absolument nécessaire, en conscience».

québécoise face à l'avortement. La Ligue dans ce document voulait chercher à comprendre le problème dans toute sa complexité, car il ne s'agissait pas, répétait-elle, d'être pour ou contre l'avortement. La responsabilité de la société s'établissait selon elle à trois niveaux : la protection du fœtus, la santé de la femme, et la qualité du milieu humain offert au développement des enfants.

Or notre société, démontrait le dossier, chiffres à l'appui, était en contradiction avec elle-même, interdisant l'avortement tout en «y poussant des femmes, des couples et des familles, à cause du sous-développement de nos politiques et de nos services en matière de planification des naissances, de contraception, d'éducation sexuelle, d'aide à la femme, au couple et à la famille, et par l'absence de politique de population.»

En conclusion, la Ligue ne reconnaissait pas l'avortement comme un droit, mais comme «une mesure d'exception, légitimée par le droit à la santé et à la qualité humaine de la vie pour tous, ainsi que par le droit de la femme à décider de ses maternités et à se les voir faciliter par la société et l'État».

Suivaient une série de recommandations touchant les aspects légal, médical, éducationnel et politique du problème ; la Ligue y souhaitait entre autres que l'avortement soit retiré du Code criminel, que la décision en revienne à la femme ou au couple, et que soient mis sur pied des services et des programmes d'information, d'éducation et d'aide à la famille.

Au moment où la Ligue était à mettre au point sa position sur l'avortement, commença la longue série des procès intentés au Dr Henry Morgentaler. Après son acquittement par un jury, le 13 novembre 1973, puis la cassation du verdict par la Cour d'appel, la Ligue songea à demander d'être entendue par la Cour suprême, à titre d'*amicus curiae*.

Les avocats qu'elle consulta à cette fin lui déconseillèrent cette démarche en raison des courts délais que la Ligue ne pouvait respecter, munie comme elle l'était de ressources juridiques bénévoles et passagères. Mais une solution de rechange s'offrait : celle d'envoyer son livre à la Cour suprême accompagné d'une lettre expliquant les raisons pour lesquelles la Ligue souhaitait intervenir. Le CE opta pour cette dernière solution.

Lorsqu'en avril 1975 la Cour suprême fit connaître son jugement, maintenant le verdict de culpabilité de la Cour d'appel et la sentence de dix-huit mois de prison, la Ligue prépara une longue déclaration, rendue publique le 11 juillet 1975, dans laquelle elle dénonçait le manque de précision de la loi sur l'avortement, le pouvoir discrétionnaire laissé par elle aux institutions, et les dégâts humains considérables qui en résultaient ; elle rappelait qu'au Québec, obtenir un avortement même thérapeutique était impossible pour la majorité des femmes, l'État s'étant toujours abstenu de faire appliquer la loi.

Estimant que dans les circonstances, le Dr Morgentaler était justifié d'agir en dehors du cadre de la loi pour répondre à un besoin social manifeste, la Ligue demandait au cabinet fédéral d'annuler la sentence prononcée contre le Dr Morgentaler, et au Procureur général du Québec de suspendre les procédures intentées contre lui. Les media firent un large écho à cette déclaration.

L'appel de la Ligue ne fut pas entendu. Le Dr Morgentaler dut purger sa sentence. En outre, il fut de nouveau cité à procès sous le même chef d'accusation (avoir pratiqué un avortement illégal), et acquitté encore une fois par un jury ; la Cour d'appel rejeta cette fois la demande du Ministère public.

Le Dr Morgentaler n'était pas au bout de ses peines : sa demande de libération conditionnelle fut rejetée, malgré son deuxième acquittement. Enfin, en 1976, il fut accusé puis acquitté pour la troisième fois. Le Procureur général du Québec finit par se rendre à l'évidence et retira les neuf accusations qui pesaient encore contre lui.

Il est intéressant de noter que dans cette cause, l'accusé, tout comme son avocat Me Claude-Armand Sheppard, étaient d'anciens membres du conseil d'administration de la LDH.

7. LES DROITS COLLECTIFS DU PEUPLE QUÉBÉCOIS

À la fin de la période juridique, les membres du CA de la Ligue s'étaient penchés sur l'opportunité de présenter un mémoire à la Commission Gendron sur l'usage et l'utilisation de la langue française au Québec. Après discussion, ils avaient décidé de s'abstenir parce que le «sujet traité ne saurait être considéré comme étant du ressort des droits universels de l'homme».

Le sujet refit surface à quelques reprises, à l'initiative de membres du CA qui souhaitaient des changements. Mais les opposants étaient majoritaires et repoussèrent même l'idée d'organiser une assemblée sur ce thème.

Fin 1972, la situation avait considérablement changé. Lorsque la Ligue, le 28 septembre, fit connaître son Manifeste dans lequel elle dévoilait son intention de se préoccuper de droits collectifs, les journalistes la pressèrent de prendre position sur le droit des Québécois à l'autodétermination. À ce moment le Québec, en période électorale fédérale, était inondé des discours de candidats auxquels, à un moment ou un autre, était posée l'épineuse question.

La Ligue se mit au travail et fit connaître sa position, le 14 octobre suivant. Sous le titre: «La négation du droit à l'autodétermination du Québec dans la campagne électorale», elle prévenait la population de la portée dangereuse des déclarations contre ce droit collectif lancées par certains hommes politiques. Ces candidats, disait-elle, «sont-ils en train de faire légitimer par leur électorat, et sans le dire explicitement à la population, toute action future qu'ils pourraient entreprendre, y compris le recours aux armes, pour contraindre le Québec à demeurer dans la confédération?» La Ligue sommait les candidats d'informer la population de leurs intentions.

L'organisme se défendait bien de prendre parti. Mais il estimait avoir la responsabilité de faire respecter le droit du

Québec «de choisir par lui-même l'option que la majorité des citoyens de cette province estimeront la meilleure pour eux dans les circonstances», cette option par ailleurs ne correspondant pas nécessairement à l'indépendance.

Arguant que sans autodétermination, aucune négociation entre la majorité et la minorité n'était possible, la Ligue concluait en citant l'article premier de la Charte des Nations Unies affirmant le droit des peuples à disposer d'eux-mêmes, et exprimait son inquiétude de voir appliquée de plus en plus souvent dans le monde la loi du plus fort.

Au mois de décembre suivant, un comité fut mis sur pied, dirigé par Jean-Louis Roy, président de la Ligue, pour étudier la question des droits linguistiques. Le 12 avril 1973, par voie de communiqué, la Ligue faisait connaître les principes directeurs dont devrait, selon elle, s'inspirer le gouvernement pour élaborer sa politique linguistique:

— les droits linguistiques devraient être définis dans la Charte québécoise des droits;
— la majorité québécoise francophone constitue en réalité une minorité dans l'environnement nord-américain et à ce titre, elle doit protéger sa langue et sa culture de façon spéciale et exceptionnelle;
— la langue du Québec est le français, et l'État doit adopter des politiques d'éducation et d'immigration propres à promouvoir son développement;
— les minorités du Québec, toutes égales entre elles, ont droit au développement de leur propre vie culturelle mais en aucun cas, elles ne doivent vivre en marge de la culture québécoise et de la langue française;
— l'État doit voir à ce que les Indiens et les Esquimaux puissent développer leur langue propre comme langue première.

Au printemps 1974, le gouvernement annonça qu'il allait bientôt rendre publique sa politique en matière linguistique, laquelle reposerait sur la notion de respect des droits individuels. La Ligue réexamina alors sa position de 1973, la compléta et la diffusa le 16 mai 1974, avant que le gouvernement ne dépose son projet de loi.

Elle y répétait que la majorité française au Québec se trouvait être une minorité, l'une des plus menacées, et qu'une politique visant à limiter chez les uns des privilèges dont l'exercice compromet le droit des autres, ne saurait être qualifiée de discriminatoire ; telle politique devait plutôt être interprétée comme un réaménagement visant à établir un nouvel équilibre au plan des rapports entre individus et collectivité, réaménagement dont l'histoire récente du Québec pouvait fournir des exemples : démantèlement du réseau des collèges classiques, nationalisation de l'électricité, etc.

Chiffres à l'appui, la Ligue démontrait ensuite qu'il y avait urgence nationale, et qu'il fallait sortir le débat linguistique du faux dualisme francophone — anglophone puisque 76% des étudiants du réseau scolaire anglophone étaient d'origines autres qu'anglaise.

En conséquence, elle recommandait au gouvernement :

— de rappeler la loi 63 et d'aménager une transition permettant d'instaurer d'ici à 1990 un seul réseau d'enseignement en langue française, l'enseignement de la langue anglaise et des autres langues minoritaires devant être assuré à l'intérieur du réseau français ;
— d'obtenir du gouvernement fédéral des pouvoirs réels en matière d'immigration ;
— de reporter à l'automne la commission parlementaire sur la politique linguistique et de séparer ce débat de celui de la charte des droits.

La Ligue insistait enfin sur sa neutralité politique et écartait toute option qui lui aurait fait privilégier l'indépendance ou le fédéralisme.

Le gouvernement Bourassa déposa son projet de loi 22, le 20 mai 1974. Le 23 mai, à l'occasion de son assemblée générale, la Ligue fit connaître sa première réaction en dénonçant la catastrophe nationale que semblait vouloir provoquer le gouvernement par ce projet de loi, et en insistant sur «la révolution morale que (devait) accomplir la société québécoise pour reconnaître la vraie place des droits collectifs». Dans les jours qui suivirent, la LDH émit deux déclarations publiques.

La première, intitulée «Transformation du projet de loi 22 ou RAPPEL», faisait l'analyse du projet de loi, auquel elle reprochait surtout de se fonder sur le pouvoir discrétionnaire d'un ministre plutôt que sur la reconnaissance de droits, et d'être une réédition élargie du bill 63. La Ligue y recommandait entre autres de remplacer par des options législatives claires le pouvoir discrétionnaire dévolu au ministre, de modifier le statut de la Régie de la langue française pour la rendre indépendante de tout ministre, de retirer du projet de loi les multiples alternatives érigeant en droit une pratique du bilinguisme qu'il fallait justement restreindre, de refaire tout le chapitre sur la langue d'enseignement, et de modifier le chapitre sur la langue des affaires en vue de créer un environnement unilingue français.

Sous le titre «De l'isolement à la solidarité», la seconde déclaration examinait l'une après l'autre les différentes options présentées à la population en matière de relations majorité/minorités dans le système scolaire, tant par les différents gouvernements (loi 63, projet de loi 22) que par d'autres groupes de pression. Mettant en évidence les éventuelles injustices engendrées par telle option, ou le péril que telle autre option pourrait faire courir à la majorité, la Ligue concluait en expliquant pourquoi sa proposition d'un seul réseau d'enseignement francophone était la seule à créer des conditions d'égalité pour tous, en mettant fin aux systèmes parallèles pour bâtir une solidarité respectueuse des diversités.

De toutes les réactions au projet de loi 22, celle de la Ligue était, selon *Le Jour*, la plus radicale et la plus catégorique. «Pourquoi sommes-nous plus radicaux que le Mouvement Québec Français ou le Parti Québécois? de déclarer Maurice Champagne. Probablement parce que nous n'avons pas d'électoralisme à faire; nous essayons d'être foncièrement désintéressés. Pour nous, c'est clair qu'il est possible de donner la priorité aux droits collectifs d'une nation. »

Fin mai, la Ligue prit la tête d'un regroupement d'individus et d'organisations visant à demander au gouvernement de prolonger ou reporter la commission parlementaire sur le projet de loi 22. Le 26 juin 1974, le Regroupement démocratique face au projet de loi 22, comptant 24 organisations, envoya un télégramme dans ce sens au premier ministre Bourassa.

La Ligue des Droits de l'Homme comparut en commission parlementaire le 11 juin 1974. Le mémoire qu'elle présenta était constitué de sa position rendue publique le 16 mai 1974, ainsi que de ses deux déclarations consécutives au dépôt du projet de loi 22. Lors de sa conférence de presse à la tribune parlementaire, la Ligue dénonça vigoureusement le gouvernement qui n'avait laissé que treize jours ouvrables pour préparer un mémoire aux groupes et individus désireux de le faire. Pour limiter les dégâts, elle réclama une commission parlementaire itinérante dont les travaux se prolongeraient jusqu'à l'automne.

Le 30 juin, Maurice Champagne rencontra le premier ministre Bourassa lequel, ayant invité la Ligue et le Regroupement à travailler sur le contenu du projet de loi, se dit disposé à recevoir le Regroupement. Cette rencontre eut lieu le 4 juillet; le Regroupement qui avait délégué huit personnes représentant autant d'associations, remit au premier ministre un mémoire spécial dans lequel il réclamait l'arrêt des procédures d'adoption du projet de loi 22, la prolongation du débat jusqu'à l'automne, et des explications sur la procédure suivie jusque-là en dépit de l'opposition massive de groupes et de citoyens.

Le gouvernement Bourassa fit quand même adopter la loi 22 au cours de l'été. La Ligue s'abstint de réagir, pour éviter de donner l'impression qu'elle avait classé le dossier, et misa plutôt sur une action énergique du Regroupement. Mais lorsqu'elle voulut réunir les signataires, elle dut constater l'effet de démobilisation qu'avait produit l'adoption de la loi. Par ailleurs, ses énergies furent bientôt requises par le dépôt du projet de loi 50 sur les droits et libertés de la personne. Le conseil d'administration convint de limiter les interventions futures de la Ligue en matière linguistique aux cas de discrimination que l'application de la loi 22 ne manquerait pas de faire apparaître.

8. LES DROITS DES DÉTENU-E-S

C'est un dossier appelé à devenir prioritaire dans les années subséquentes qui est à l'origine de la mise sur pied de l'Office des Droits des Détenu-e-s : le dossier Parthenais. Le centre de prévention Parthenais, enfer des prisons, avait été condamné avant même sa construction par un comité consultatif chargé par le ministre québécois de la Justice d'étudier la question. Il fut quand même ouvert en 1968 et depuis, deux ministres de la Justice qui se sont succédé ont promis à plusieurs reprises de le fermer, sans jamais passer aux actes.

Durant sa période «juridique», la Ligue, nous l'avons vu, s'était beaucoup préoccupée des droits des détenu-e-s et au début de 1972, elle s'était vu refuser l'accès à Parthenais où des prévenus avaient sollicité son aide; par la suite, c'est bien en vain qu'elle avait tenté d'obtenir à ce sujet une entrevue avec le premier ministre Robert Bourassa. Peu avant l'assemblée générale de 1972, le CE décida de former un comité chargé d'étudier les conditions de détention. Après l'importante réorientation adoptée par l'assemblée générale de 1972 indiquant à la Ligue de privilégier les collectivités les plus démunies, la mise sur pied d'un tel comité s'avérait encore plus pertinente.

En août 1972, des représentants de la Ligue rencontrèrent le solliciteur général Jean-Pierre Goyer pour lui faire part de leur projet et demander l'autorisation d'entrer dans les pénitenciers; M. Goyer montra beaucoup de réticences et exprima l'avis qu'il ne voyait pas la nécessité d'une telle recherche.

Pour les autorités carcérales fédérales en effet, la permission accordée à un-e détenu-e de recevoir des visites, d'échanger de la correspondance, de se dégourdir les jambes..., etc., n'était jamais qu'un privilège pouvant être retiré à tout moment sans aucune justification; elles ne reconnaissaient aucun droit aux détenu-e-s. Aussi l'expression «droits des détenu-e-s», encore inusitée en 1972, leur fit-elle l'effet d'une bombe, et rendit la LDH suspecte à leurs yeux.

Cependant, les prisons provinciales étaient moins fermées et militarisées que les pénitenciers fédéraux, et le protecteur du citoyen Louis Marceau, que rencontrèrent les représentants de la Ligue, se montra disposé à collaborer avec elle.

L'Office des Droits des Détenu-e-s, créé en septembre 1972, se voyait accorder une autonomie qu'aucun comité n'avait eue jusque-là: il possédait son propre conseil d'administration et son propre conseil exécutif, et ne devait se référer au CA de la Ligue que pour les décisions touchant les grandes politiques de la LDH. Le directeur général était secrétaire de l'ODD et servait de trait d'union. Telle était la volonté du CA de la Ligue en 1972.

Sitôt complétés, les conseils de l'ODD élaborèrent un projet de recherche devant être menée avec la collaboration de l'Université de Montréal et de l'UQAM, et comportant deux parties: la première portant sur l'identification des droits des détenu-e-s dans le système actuel et la perception qu'ont les détenu-e-s de leurs droits et de l'institution carcérale; la seconde étudiant la façon dont la société perçoit les droits des détenu-e-s et le système carcéral. Puis les membres de l'ODD se mirent aussitôt à la recherche de subventions.

Lorsque, le 16 novembre 1972, l'ODD fit connaître son existence au cours d'une conférence de presse, il annonça ses objectifs:

— faire en sorte que l'institution de détention devienne un milieu ouvert et accessible;
— dépasser la tradition inhumaine qui lie à la perte de la liberté de mouvement la suppression de droits fondamentaux;

— voir à ce que soient appliquées les règles minima pour le traitement des détenus adoptées en 1955 par les Nations Unies;

— faire avancer la recherche dans ce domaine.

À cette occasion, l'ODD décrivit le projet de recherche qu'il comptait entreprendre et fit part de son intention d'informer la population des résultats.

L'ODD obtint assez facilement l'autorisation d'entrer dans les prisons québécoises; mais il en alla tout autrement avec le solliciteur général qui, tout en consentant à admettre la Ligue dans les pénitenciers, lui refusait l'autorisation de rencontrer les détenus. Les démarches en ce sens se poursuivirent durant toute l'année 1973. En 1974, le Solliciteur général Warren Allmand avisa officiellement l'ODD qu'il ne le reconnaissait pas comme interlocuteur pour les détenus, précisant que le système prévoyait plusieurs autres recours accessibles. L'ODD répondit par une lettre publique aux détenus, les avisant qu'il ne pouvait rien faire pour eux et critiquant les recours évoqués par le Solliciteur.

Photo André Viau, Le Journal de Montréal.

Conférence de presse de la Ligue des Droits de l'Homme annonçant la mise sur pied de l'Office des Droits des Détenu-e-s, le 16 novembre 1972. De gauche à droite: MM. Pierre Landreville, vice-président, Raymond Boyer, président, et Maurice Champagne, secrétaire.

Pendant ce temps, la situation à Parthenais ne s'améliorait pas. Les grèves de la faim étaient fréquentes. Durant celle de 1973, l'ODD joua pour la première fois le rôle de porte-parole des prévenus. L'un de ses membres, effectuant un stage à Parthenais, y pénétrait à tous les jours... et en ressortait avec les pétitions des prévenus dissimulées dans ses sous-vêtements. Quotidiennement, l'ODD rencontrait la presse pour transmettre les revendications des grévistes, sans divulguer leur nom bien entendu.

En septembre, six prévenus de Parthenais s'automutilèrent. L'ODD fit enquête, puis prépara un rapport sur la situation critique au centre de prévention, qu'il rendit public au cours d'une conférence de presse le 29 novembre 1973.

Les 8 et 9 décembre suivants eut lieu une enquête publique sur la détention et la réhabilitation au Québec, laquelle s'inscrivait dans la série des «Dimanches des droits de l'Homme»; de nombreux professionnels du milieu carcéral, des gardiens de prison et des ex-détenus y participèrent. Démonstration y fut faite que seulement 2% des 10 000 $ par an que coûte un détenu sont alloués à la réhabilitation. Les participants se penchèrent également sur le statut du détenu, et invitèrent les media à seconder la Ligue dans son œuvre de sensibilisation du public.

C'est durant l'année 1973 que l'ODD reçut une subvention de la fondation Donner qui lui permit d'engager une permanente et d'organiser, en collaboration avec l'Université de Montréal, une tournée des principales prisons du Québec pour réaliser la première partie de son projet de recherche. Cette tournée dura un an. Les chercheurs colligèrent ensuite leurs données et rédigèrent leur rapport; fidèle à son objectif de diffuser largement les informations qu'il obtenait sur le monde carcéral, l'ODD décida de le publier sous le titre *Les prisons de par ici* (1976).

Lorsque l'ODD aborda la deuxième partie de la recherche, il avait, comme groupe, deux années d'existence active derrière lui; il était déjà possible de distinguer dans le noyau solidaire de militant-e-s qui le constituaient un besoin impatient de passer aux actes. Aussi est-ce d'un commun accord que les membres de l'Office décidèrent de changer le projet initialement prévu d'effectuer un sondage à grande échelle sur la perception qu'avait la population des droits des détenu-e-s, pour réaliser une recherche-action ; ce que voulait l'ODD, c'était informer directement des groupes de citoyen-ne-s des résultats obtenus au cours de la première partie de la recherche, afin de les sensibiliser aux droits des détenu-e-s.

Les chercheurs rencontrèrent donc longuement divers groupes de citoyen-ne-s, les uns directement reliés au système carcéral, les autres tout à fait étrangers. Dans un premier temps, les participants devaient faire part de leur perception ; puis, les chercheurs leur communiquaient leurs données pour, enfin, recueillir à nouveau leur perception. Cette façon non traditionnelle de procéder, bien que ne permettant pas de cumuler des données chiffrées, portait ses fruits sur-le-champ, l'ODD n'en doutait pas.

Le 5 décembre 1974, l'Office des Droits des Détenu-e-s adopta une proposition sur laquelle il allait asseoir sa crédibilité par rapport aux détenu-e-s et qu'il a toujours respectée scrupuleusement jusqu'à ce jour :

> « Il a été décidé que l'Office des droits des détenus ne demandera et n'acceptera pas de subventions gouvernementales du moins en ce qui concerne le solliciteur général (fédéral) et le ministère de la Justice du Québec, et ainsi assurera son autonomie et indépendance idéologiques ».

Durant la période 1972-75, le dossier Parthenais demeura prioritaire. Le 7 octobre 1974, l'ODD organisa un colloque en collaboration avec l'École de Criminologie de l'U. de M. et la Société de Criminologie. Les participants à ce colloque firent le bilan sur la situation à Parthenais et adoptèrent une série de douze résolutions qui servirent ensuite de base à la rédaction d'un manifeste sur le centre de prévention de Montréal. Le 23 février 1975, à l'initiative de l'ODD, douze organismes annonçaient leur regroupement en un Front commun pour la fermeture du Centre de Prévention Parthenais.

Outre la recherche Donner et le dossier Parthenais, l'ODD entreprit deux batailles qui devaient porter leurs fruits plus tard : l'obtention du droit de vote pour les détenus, et l'abolition de l'emprisonnement pour non-paiement d'amende ; l'Office s'impliqua également dans la campagne pour l'abolition de la peine de mort. Il obtint que les détenus des prisons provinciales aient accès aux règlements qui les régissent, et que la censure soit (partiellement) levée dans les pénitenciers. Il obtint également que soit créé un comité de citoyens pour chaque pénitencier (mais cette dernière victoire eut peu d'effet dans l'immédiat : les directeurs de pénitenciers et plusieurs gardiens, opposés à cette mesure, y firent obstruction de multiples façons ; par ailleurs, la méconnaissance totale du milieu carcéral qui se remarquait chez certains membres paralysa dès le départ le fonctionnement de quelques comités). En outre, au fil des années, les détenu-e-s se familiarisèrent avec l'ODD, et les demandes d'intervention et d'information commencèrent à affluer.

L'objectif premier des militants qui en 1972 avaient fondé l'ODD était de faire reconnaître et respecter les droits des détenu-e-s. Cependant, toutes les luttes qu'entreprirent les membres du comité durant ces premières années les amenèrent à constater les limites de leur action à l'intérieur du système carcéral : certaines violations de droits, certaines conditions inacceptables étaient inhérentes à l'incarcération même. À mesure que croissait leur connaissance des conditions de détention, et que progressait l'analyse qu'ils en faisaient, leurs questions sur la signification et le rôle des prisons trouvaient réponses ; de plus chaque militant de l'ODD, au cours de ses visites aux détenus, avait éprouvé la résistance et l'absurdité du système carcéral. Ces différents facteurs firent en sorte que les membres sentirent un jour le besoin de définir une nouvelle façon d'envisager l'emprisonnement.

Plusieurs réunions spéciales furent organisées, au cours desquelles les militants de l'ODD cherchèrent collectivement à définir une base précise et cohérente sur laquelle asseoir leurs interventions et rédiger un manifeste. C'est ainsi qu'à l'automne 1975, l'abolition de l'emprisonnement se présenta à eux comme étant le seul objectif à long terme acceptable et conséquent ; cette position avant-gardiste, identifiant l'Office comme un comité radical, allait être diffusée en 1976, au moment de la publication du manifeste de l'ODD.

9. LES DROITS DE L'ENFANCE ET DE LA JEUNESSE

Durant sa période juridique, la Ligue s'était à quelques reprises penchée sur le sort réservé aux jeunes délinquants ; mais les ressources humaines lui manquaient pour ouvrir cet important dossier.

Comme c'est souvent le cas dans un groupe de pression, c'est un projet de loi abusif qui donna le coup d'envoi à un regroupement de personnes intéressées aux droits de l'enfant : le projet de loi 65 pour la protection de la jeunesse. Le Dimanche des droits de l'enfant, organisé par la Ligue le 10 décembre 1972, réunit, outre des parents et des jeunes, environ cent cinquante participants œuvrant pour la plupart dans le domaine : avocats à la Cour du bien-être social, juges, responsables de centres d'accueil, travailleurs sociaux, médecins, éducateurs, agents de probation, etc. ; le ministre de la Justice, Jérôme Choquette, y était également comme observateur. L'assemblée fit consensus sur l'urgence de créer un comité ayant un double mandat : un, lutter pour la révision du projet de loi 65 ; deux, élaborer une charte des droits de l'enfant au Québec.

Quelques jours plus tard, la Ligue rendait publique une lettre au premier ministre Robert Bourassa dans laquelle, au nom des groupes présents à l'assemblée du 10 décembre, elle demandait le retrait du projet de loi 65 et l'annulation de la Commission parlementaire. « Une honte pour le Québec ! » Voilà comment la lettre résumait la réaction des groupes concernés.

La Ligue reprochait d'abord au gouvernement d'avoir préparé le projet de loi sans aucune consultation des principaux intéressés, et de ne l'avoir soumis qu'avec beaucoup de réticences à la procédure de la commission parlementaire et en ne prévoyant qu'un court délai pour la préparation des mémoires. Puis, le contenu du bill 65 était passé au crible : dans sa philosophie générale, « il ne (reflétait) pas l'esprit et la culture qui devraient l'animer et l'appuyer sur le respect des droits de l'enfant ». En ne distinguant pas la protection sociale de la protection judiciaire, le projet de loi réduisait les affaires sociales au rôle d'exécutant du pouvoir judiciaire, ce qui, disait la Ligue, plaçait le Québec en arrière de nombreuses autres sociétés. De plus, il ne reconnaissait qu'aux personnes majeures le pouvoir de dénoncer des situations abusives, ne garantissait pas de droit d'appel, n'établissait aucune distinction entre les jeunes de 0 à 14 ans et ceux de 15 à 18 ans, ne prévoyait aucune organisation efficace des ressources ; bref, concluait la lettre, le bill 65 offrait une réponse purement administrative à un problème social, imposait d'en haut des structures d'application très rigides, et ignorait l'utilisation des ressources communautaires.

Pour limiter les dégâts, la LDH réclamait que la commission parlementaire prévue soit remplacée par une commission de consultation populaire qui entendrait les premiers intéressés, c'est-à-dire les jeunes, les parents, et les travailleurs des secteurs concernés.

Le 18 janvier 1973, au cours d'une conférence de presse, la Ligue rendait publique une déclaration signée conjointement par vingt-deux organismes représentant environ cent mille parents et sept mille professionnels ; les signataires reprenaient les arguments invoqués dans la lettre du 22 décembre 1972 et dénonçaient le projet de loi tel que présenté et formulé comme tout à fait prématuré.

Le 3 avril suivant, la Ligue comparaissait en commission parlementaire. Décrivant la situation déplorable faite aux jeunes nécessitant protection, elle souligna la disproportion entre la petitesse du projet gouvernemental et l'ampleur des questions et des besoins en matière de droits de la jeunesse, besoins dont par ailleurs elle dressait l'inventaire. La politique de la protection de la jeunesse, rappela la Ligue, doit s'inspirer d'un véritable respect des jeunes et privilégier la protection sociale par rapport à la protection judiciaire ; un système qui aurait pour effet d'accentuer la marginalisation du jeune que l'on prétend protéger, au lieu de favoriser son identification à son milieu, entraînerait de graves répercussions sur la criminalité et la délinquance juvéniles au Québec. La Ligue insérait ensuite dans son mémoire la déclaration du 18 janvier précédent, qu'elle avait signée conjointement avec vingt-deux organismes, avant de conclure sur les recommandations suivantes : le gouvernement devait retirer le projet de loi 65, et former immédiatement une commission d'étude très publique avec mandat de six mois, pour soumettre dès l'automne 1973 un nouveau projet de loi contenant une législation d'ensemble et visant à créer une commission pluridisciplinaire, reliée au gouvernement un peu de la même façon que l'était le protecteur du citoyen.

La dissolution du parlement en vue des élections fournit peu après au gouvernement l'occasion d'abandonner ce projet de loi fort controversé.

Dès le 21 décembre 1972, Laurent Laplante avait ouvert son éditorial sur ces phrases :

> «Sans l'intervention de la Ligue des Droits de l'Homme, le projet de loi 65 consacré à la protection de la jeunesse aurait peut-être franchi les trois lectures parlementaires et été adopté sans même attirer l'attention. Maintenant que la session d'étude convoquée par la Ligue a attaché le grelot, maints aspects du projet soulèvent la colère ou l'inquiétude des groupes spécialisés dans ce domaine.»

Le 17 décembre 1973, à l'initiative de la Ligue, une rencontre eut lieu entre d'une part, les ministres Claude Forget (Affaires sociales) et Jérôme Choquette (Justice) et d'autre part, les personnes suivantes :

— Monique Dubreuil, directrice générale du Centre communautaire juridique de Montréal ;
— le juge Marcel Trahan, de la Cour du bien-être ;

— le juge Robert Sauvé, président de la Commission des Services Juridiques;
— Marc Bélanger, directeur du Bureau de Consultation Jeunesse;
— Maurice Champagne, directeur général de la Ligue des Droits de l'Homme.

À cette occasion, recommandation fut faite au gouvernement du Québec de former une commission d'étude ayant mandat de préparer un projet de loi sur la protection de la jeunesse et un plan d'aménagement des ressources, et une commission spéciale ou une régie de la protection de la jeunesse qui appliquerait les recommandations de la commission d'étude; suivait la description détaillée de la composition et du rôle desdites commissions.

L'année 1973 vit échouer, faute de disponibilité, plusieurs tentatives de mettre sur pied à la Ligue un comité de travail sur les droits des enfants et des jeunes. Cependant, lorsque le besoin s'en faisait sentir, la Ligue pouvait compter sur de nombreuses personnes — ressources siégeant au CA ou œuvrant dans ce domaine à l'extérieur de l'organisme.

Au printemps 1974, le Comité enfance-jeunesse, regroupant des militant-e-s qui avaient participé au front commun contre le projet de loi 65, commença à tenir ses premières réunions. À court terme, les membres du comité se donnaient comme objectifs de réagir au futur projet de loi sur la protection de la jeunesse, de faire pression pour forcer la mise sur pied de comités consultatifs de citoyens auprès de la Cour du bien-être Social et enfin de constituer un dossier portant sur les problèmes les plus aigus des enfants et des jeunes et proposant des options fondamentalement claires.

Les membres du comité eurent bientôt l'occasion de passer aux actes. Un conflit de travail éclata au centre de détention pour jeunes Berthelet; l'administration décréta un lock-out et les adolescents, qu'on avait confinés à leurs cellules, se révoltèrent et saccagèrent les lieux. L'administration fut mise sous tutelle, cependant que la plupart des jeunes détenus étaient transférés dans des prisons pour adultes, en attendant que le centre puisse être réouvert.

Le comité Enfance-Jeunesse mit aussitôt sur pied, avec l'accord des ministres Forget et Choquette, un Comité d'aide spéciale aux jeunes du centre Berthelet, composé de Marc Bélanger (BCJ), Solange Chalvin (journaliste), trois jeunes, Herbert Marx (délégué du Barreau), un médecin, et Renée Joyal-Poupart (coordonnatrice du comité Enfance-Jeunesse); Louise Gagné agissait comme secrétaire-exécutive; le comité d'aide, sis au siège social de la LDH, se donnait comme objectif immédiat de faire sortir au plus tôt les jeunes des centres de détention pour adultes. Les autres objectifs du comité, énumérés au cours de la conférence de presse du 29 novembre 1974 qui annonçait sa création, se rapprochaient sensiblement de ceux que s'était donnés en octobre 1970, le comité d'aide aux personnes détenues en vertu de la Loi sur les mesures de guerre: vérifier les conditions de détention, établir un centre de liaison à l'échelle de la province, faciliter les contacts entre les jeunes et leurs familles, voir à ce qu'ils ne subissent aucun préjudice, porter à la connaissance des ministres toutes choses contraires au respect des droits et s'assurer du retour aux conditions normales.

Lors de sa conférence de presse, le comité Enfance-Jeunesse fit remarquer que la situation de crise à Berthelet mettait en évidence le problème du fonctionnement de ce centre, lequel nécessitait une enquête approfondie, et l'urgence d'une nouvelle législation sur la protection de la jeunesse.

Le comité d'aide annonça quelques jours plus tard que la réintégration des jeunes à Berthelet était engagée et qu'il en surveillait le déroulement. Il profita de l'occasion pour dénoncer une anomalie que sa tournée des prisons lui avait permis de découvrir: en plus des jeunes de Berthelet, trente-trois autres jeunes étaient détenus dans des prisons pour adultes, faute de ressources suffisantes. Le 18 décembre suivant, le comité d'aide annonça qu'il avait terminé son mandat maintenant que tous les jeunes détenus de Berthelet placés en prison en étaient sortis; mais il invitait à demeurer vigilants puisque le problème des carences de services aux jeunes en difficulté demeurait entier.

Au cours de décembre 1974, des membres du Comité Enfance-Jeunesse rencontrèrent à deux reprises le ministre des Affaires sociales Claude Forget pour lui recommander de former une commission d'étude sur les Centres d'accueil au Québec, et d'émettre une directive aux Centres de Services sociaux afin qu'ils créent des comités consultatifs de citoyens comme le prévoyait la Loi sur les Jeunes Délinquants.

Quelques jours plus tard, coup de théâtre: le ministre de la Justice, Jérôme Choquette, déposait le projet de loi 78 concernant la protection des enfants soumis à des mauvais traitements; ce projet avait été préparé sans la collaboration du ministère des Affaires sociales. Des membres du Comité Enfance-Jeunesse, réunis d'urgence le 22 décembre, préparèrent un communiqué dans lequel ils relevèrent les aspects positifs du projet de loi: celui-ci prévoyait la création d'un Comité sur la protection de la jeunesse, la possibilité pour les citoyens de rapporter les situations de mauvais traitements dont ils étaient témoins, et faisait une obligation aux professionnels de dénoncer ces cas. La Ligue se réjouissait donc de voir consacré par la loi 78 l'intérêt supérieur de l'enfant, lequel devait parfois entraîner des restrictions aux autres droits (p. ex. protection du secret professionnel, vie privée de la famille, etc.).

Par contre, la Ligue dénonçait le procédé expéditif utilisé par le ministre Choquette: le projet de loi avait été préparé sans consultation et déposé sans pré-avis pendant la période des Fêtes pour être bientôt adopté à toute vapeur. Malgré tout, l'organisme tenait à proposer quelques modifications, notamment: que la notion de mauvais traitements ne soit pas restreinte au seul aspect physique; les autres modifications avaient trait au fonctionnement du comité.

Dans ce contexte de précipitation, la Ligue des Droits de l'Homme fut seule à réagir au projet de loi 78, sanctionné le 23 décembre 1974.

Le Comité Enfance-Jeunesse n'avait pas eu le temps, en 1974, de se donner des structures permanentes et de prendre son élan. Début 1975, il subit une importante saignée lorsque deux de ses membres, Marc Bélanger et Jacques Tellier, furent nommés par le ministre Choquette au Comité sur la Protection de la Jeunesse; le départ pour l'étranger de la coordonnatrice et la nomination de Philippe de Massy à la Commission des Droits de la Personne, achevèrent de l'effriter.

Entre 1972 et 1975, l'État avait donc puisé au sein de la Ligue d'importantes idées et de précieux effectifs en matière de protection de la jeunesse.

10. LE DOSSIER PEINE DE MORT

En 1967, la Ligue des Droits de l'Homme avait appuyé le projet fédéral de suspendre l'application de la peine de mort pour une période de cinq ans. Lorsque approcha l'échéance du moratoire, elle reprit le collier afin d'obtenir l'abolition définitive de la peine capitale.

Dans un communiqué envoyé en novembre 1972 au premier ministre du Canada ainsi qu'aux ministres et députés fédéraux, la Ligue pressait le gouvernement de rendre publiques les conclusions des études scientifiques qu'il avait commandées sur le sujet et qui, soutenait-elle «(niaient) l'influence intimidante de la peine de mort». La Ligue annonçait en outre la mise en circulation d'une pétition réclamant l'abolition définitive de la peine de mort.

De par ses objectifs mêmes, la LDH avait toutes les raisons de s'opposer au châtiment suprême; cependant, elle s'en expliquait ensuite longuement. Dénonçant la morale de vengeance et de peur qui préside à ce «meurtre légalisé» qu'est la peine de mort, elle pointait du doigt la société qui place la violence et le meurtre au premier rang de ses divertissements, et insistait sur la nécessité de départager les responsabilités individuelle et collective. Il faut «enfin pouvoir poser les vrais problèmes», concluait-elle.

Début 1973, le comité sur l'administration de la justice de la Ligue fut réactivé dans le but d'analyser et réfuter l'amendement Prudhomme visant à remplacer la peine de mort par l'emprisonnement à vie sans espoir de libération conditionnelle avant 25 ans, et de proposer une alternative plus positive.

Le mémoire qu'adressa la Ligue le 26 juin 1973 au Comité permanent de la Justice de la Chambre des Communes était tout entier axé sur la solution de remplacement qu'elle souhaitait voir adopter; insistant sur la nécessité d'individualiser les peines, il proposait: la création, à la Commission des Libérations conditionnelles, de sous-commissions provinciales spéciales chargées de surveiller, pour chaque cas de meurtre, l'application des peines de remplacement de la peine de mort; une réforme des conditions de détention; la création d'un service de réhabilitation au Ministère du Solliciteur général, avec budget approprié; l'établissement du droit correctionnel au Canada; enfin, l'information de la population, et la prévention. Les media firent un large écho au mémoire de la Ligue des Droits.

Pendant que les Communes délibéraient sur la peine de mort, les tribunaux avaient à statuer sur une cause dont le dénouement dépendait directement du vote des députés: la cause Réal Chartrand. Condamné à la potence en première instance le 20 novembre 1972, Réal Chartrand en avait appelé de sa condamnation, et la Cour d'Appel se penchait sur cette cause précisément au printemps 1973. La Ligue suivait de près ces événements, et tentait d'améliorer les conditions d'existence de Chartrand, détenu dans l'aile des condamnés à mort de la prison de Montréal.

Lorsque la Cour d'Appel du Québec eût rejeté, le 14 septembre 1973, l'appel de Réal Chartrand, la LDH analysa le jugement rendu; dans un texte distribué quelque deux semaines plus tard à une liste de personnes concernées, elle dénonça sévèrement les déficiences graves de la loi au chapitre de la définition de l'aliénation mentale et la difficulté pour les psychiatres — plus particulièrement l'un d'entre eux, qui avait joué un rôle ténébreux dans cette affaire — d'en juger; elle déplora le fait que le jugement ait été fondé rigoureusement sur la justice légale au détriment de l'équité; et enfin elle souligna l'attente inhumaine imposée à Réal Chartrand par la suspension de la législation sur la peine de mort.

La cause de Réal Chartrand fut portée devant la Cour suprême. À l'automne 1974, la Ligue se prépara à intervenir devant le plus haut tribunal du Canada à titre d'amicus curiae, avec l'aide de consultants dont Me Michel Proulx et le juge Robert Sauvé. Malheureusement, au printemps suivant, la Cour suprême refusait d'accorder à la Ligue le droit d'intervenir dans la cause Réal Chartrand. Quelques mois plus tard, elle devait à son tour rejeter l'appel de Chartrand et maintenir la condamnation et la sentence de mort, laquelle serait ensuite commuée en une peine d'emprisonnement de vingt-cinq ans sans éligibilité à une libération conditionnelle.

Durant toutes ces années de procédures éprouvantes pour le condamné, le directeur général et quelques membres de la Ligue poursuivirent avec lui une relation d'aide continue.

Au début de l'année 1975, l'exécutif de la LDH décida de relancer le débat public sur la peine de mort. Le directeur général reprit, pour l'adapter, le texte de 1973 proposant une solution positive de remplacement et convoqua le 12 février suivant, une conférence de presse qui fut abondamment reprise par les journaux. Il s'agissait de la même proposition qu'en 1973, à laquelle s'ajoutait la demande d'un programme spécial de sécurité et de traitement pour les cas de meurtre et de dangerosité; mais la Ligue cette fois insistait beaucoup plus longuement sur la responsabilité des media d'information, et celle des parents et des enseignants dans la nécessaire substitution de «modèles de développement humain de la vie et de la personne» aux innombrables modèles actuels de violence générés par notre société.

Pour donner suite à un souhait largement répandu, la Ligue organisa, le 28 avril 1975, un colloque sur les solutions de remplacement à la peine de mort auquel elle convia une foule d'individus et d'organismes de toutes tendances ; un ex-détenu, un archevêque, un représentant de l'ARCAD (Association de Rencontres culturelles avec les détenus), un délégué du ministère de la Justice du Québec et un membre de la Commission nationale des libérations conditionnelles constituaient le panel. Les participants retinrent comme prioritaires le besoin d'entreprendre une action avec le Conseil de Presse et la Fédération professionnelle des Journalistes sur le traitement de l'information dans le domaine de la criminalité, et celui de se pencher sur la notion de dangerosité.

En juillet 1976, le gouvernement fédéral adoptait le bill C-84 abolissant définitivement la peine de mort ; à la Ligue, cet important dossier allait passer au second plan pour quelques années.

11. AUTRES DOSSIERS

— Le droit à la vie privée et la sécurité nationale.

Lorsque le gouvernement fédéral déposa en 1973 le projet de loi C-176, intitulé «Loi sur la protection de la vie privée» consacrant la pratique de l'écoute électronique sans contrôle propre à garantir le respect des droits, la Ligue des Droits de l'Homme réagit vigoureusement : elle voyait là l'occasion de prévenir l'institutionnalisation d'un ensemble de procédures abusives et de lutter contre l'établissement d'une société à dossiers.

Ayant appris que le Comité permanent de la Justice de la Chambre des Communes avait l'intention de n'entendre que des associations nationales, la Ligue mena de multiples démarches afin d'obtenir l'autorisation de présenter un mémoire au nom de la Fédération canadienne des Associations des droits de l'homme et des libertés civiles, et d'être entendue par le Comité. Elle put ensuite se féliciter de sa persévérance : en effet, de tous les organismes entendus, seule la LDH avait proposé un contrôle sérieux de l'écoute électronique pour une véritable protection de la vie privée.

Les media firent d'importants comptes rendus du mémoire de la Ligue; le quotidien *Le Devoir* le reproduisit intégralement. La Ligue y recommandait que les gouvernements fédéral et provinciaux préparent une législation d'ensemble sur la protection de la vie privée, laquelle serait administrée par une commission permanente, et que l'autorisation de toute forme d'écoute électronique, soumise à un contrôle rigoureux, relève d'un tribunal spécial partie de cette commission.

Le Comité permanent de la Justice retint deux amendements importants proposés par la Ligue: l'un portant sur l'inadmissibilité des preuves obtenues illégalement, l'autre sur le droit des citoyens victimes d'écoute électronique d'en être informés.

La Loi sur la protection de la vie privée, sanctionnée le 14 janvier 1974, comportait lesdits amendements; malheureusement, le législateur avait trouvé moyen de les contourner par le biais d'ajouts à la Loi sur les secrets officiels, lesquels conféraient au Solliciteur général le pouvoir d'autoriser l'interception de communications privées s'il était «convaincu» de la nécessité de ce geste pour prévenir ou dépister une «activité subversive».

Début 1974, alertée par plusieurs personnes et organismes, la Ligue s'intéressa à un règlement créant le dossier scolaire cumulatif. Ce règlement, édicté par le ministère de l'Éducation en juin 1973, autorisait entre autres la consignation et la conservation de données psychologiques sur chaque élève québécois pour les cinquante années suivant la fin de ses études secondaires; face à la levée de boucliers provoquée par l'entrée en vigueur dudit règlement, le ministre François Cloutier dut faire marche arrière, en suspendre l'application et ordonner une vaste consultation. C'est à ce moment que la LDH entra en scène.

Un comité ad hoc, créé par l'exécutif de la Ligue, élabora un dossier qui fut ensuite livré aux media. La Ligue y analysait le règlement sous l'angle des questions de droit et de justice mises en cause; elle lui reprochait plusieurs éléments discriminatoires et l'absence de garantie de confidentialité du dossier scolaire cumulatif; elle estimait inacceptable la durée de conservation du dossier lequel, poursuivait-elle, devrait être la propriété de l'étudiant et/ou de sa famille et se concevoir comme un service administratif plutôt que comme un instrument de contrôle. Enfin, la Ligue contestait vivement le fait que le dossier classe l'individu à partir du groupe: «Il s'agit, disait-elle, d'un choix extrêmement grave qui prédétermine les rapports entre la personne et la société.»

La Ligue aurait souhaité regrouper autour d'elle les innombrables protestataires, comme elle l'avait fait pour le projet de loi 65 sur la protection de la jeunesse; mais la brièveté de la période de consultation, ainsi que son propre retard à ouvrir ce dossier, l'en empêchèrent.

Cependant, les protestataires surent se faire entendre: près de trois cents mémoires furent acheminés au ministère. Et le 26 mars 1974, le ministre Cloutier annonçait qu'il préparait un nouveau projet de règlement.

Mais par la suite, le ministère de l'Éducation, qui avait retiré le règlement tant contesté, n'en proposa aucun autre et les commissions scolaires continuèrent d'évaluer le rendement des élèves comme elles l'avaient toujours fait jusque-là.

— Les droits des personnes âgées.

Suite à sa grande réorientation de 1972, la Ligue avait choisi de privilégier le dossier des droits du troisième âge et de mettre sur pied un Office des Droits des Personnes âgées. C'est en mai 1973, lors du Dimanche des droits des personnes âgées, que furent réunis pour la première fois les individus et organismes intéressés.

Pour donner suite au vœu des participants, la Ligue les rassembla à nouveau dès juin dans le but d'élire le premier conseil d'administration de l'Office et adopter un programme en quatre points: logement, éducation permanente, services à domicile, bottin d'information.

L'office des droits des personnes âgées fit sa première intervention publique au cours de la campagne électorale provinciale de l'automne 1973. L'exploitation dont les personnes âgées étaient l'objet par les candidats qui usaient à leur endroit de promesses, de chantage et de menaces constituait pour l'ODPA l'occasion d'ouvrir un débat public sur les droits des personnes âgées en faisant connaître son programme. Incitant les candidats à envisager une politique globale de services aux personnes âgées plutôt que leur promettre des miettes en période électorale, l'Office leur traça la voie en proposant une déclaration québécoise des droits des personnes âgées en 14 points, laquelle s'inspirait de la Déclaration internationale des droits des personnes âgées adoptée en 1965 à Los Angeles. Outre le droit à un logement convenable, à des services à domicile et à l'éducation permanente, des droits moins «traditionnels» leur étaient reconnus, tels :

- le droit d'être mis en situation pour faire des travaux productifs et utiles à la société aussi bien qu'à leur développement personnel et d'être rémunérés en conséquence ;

- le droit à une organisation sociale qui favorise les relations entre les personnes âgées et les citoyens de tous les âges et les préserve de l'isolement social ;

- le droit d'être partie, comme groupe, à toute décision ou politique les concernant ;

- le droit à un service spécial de l'État, au ministère des Affaires sociales.

Cette première intervention de l'ODPA fut malheureusement la dernière : l'Office en effet s'éteignit peu après. Des recherches plus poussées seraient nécessaires pour connaître les différents facteurs qui empêchèrent ce comité de prendre son envol ; certains y voient des conflits idéologiques, tandis que d'autres attribuent cet échec au manque de préparation des premiers militants d'une part, mais surtout à l'absence d'intérêt chez la majorité des membres de la Ligue pour un dossier qui, particulièrement à cette époque, était loin de figurer au premier plan de l'actualité.

— Le dossier Immigration et la déportation des Haïtiens.

Durant sa période juridique, la Ligue avait pris en main quelques cas individuels d'immigrants victimes d'abus de droit. Fin 1973, elle fut confrontée à un cas collectif dramatique : celui d'environ un millier de ressortissants haïtiens menacés de déportation vers Haïti par le ministère fédéral de l'Immigration.

Arrivés au Canada après l'entrée en vigueur en novembre 1972 d'un nouveau règlement obligeant les étrangers à présenter leur demande de résidence depuis l'extérieur du Canada, ces Haïtiens, qui en avaient appelé de la décision de les retourner en Haïti, attendaient leur comparution devant la Cour d'Appel de l'Immigration. En outre, depuis août 1973 s'appliquaient de nouvelles dispositions restreignant le droit d'appel.

La première démarche de la Ligue en novembre 1973 consista à envoyer une lettre au ministre fédéral de l'Immigration, Robert Andras, lui rappelant qu'une expulsion en Haïti pouvait signifier pour ces personnes la misère, la prison ou peut-être même la mort, et le priant de prendre les mesures pour que les droits de ces Haïtiens soient respectés.

En 1974, La Ligue suivit avec vigilance les audiences de la Cour d'Appel de l'Immigration, et prépara un dossier en collaboration avec un représentant de la communauté haïtienne de Montréal.

À l'automne de la même année, les services canadiens de l'Immigration procédèrent à de multiples expulsions, en refusant d'entendre les Haïtiens qui avaient demandé le statut de réfugiés politiques. La Ligue réclama — mais en vain — d'être reçue par le cabinet fédéral.

Le 19 octobre 1974, les membres du conseil d'administration de la LDH, réunis en assemblée, et tous-tes les permanent-e-s, allèrent se joindre à une manifestation organisée par le Comité Anti-Déportations ; au nom de la Ligue, Me Bernard Mergler harangua les quelque sept cents personnes présentes avant d'aller rencontrer, en compagnie de

René Saint-Louis, le ministre Gérard Pelletier qui se montrait intéressé par le problème.

La nécessité d'une action élargie se faisait sentir. Le 25 octobre, la Ligue publia une déclaration dans laquelle elle demandait au gouvernement canadien d'adopter d'urgence une mesure humanitaire spéciale pour arrêter la déportation des Haïtiens et leur permettre de rester en notre pays; la Ligue appelait à se joindre à elle tous les groupes nationaux et internationaux et toutes les personnes appuyant la cause des Haïtiens.

Dès ce moment, la LDH commença à solliciter et recueillir des appuis qui lui vinrent bientôt de tous les coins du Canada. Le 22 novembre 1974, elle donna à la tribune parlementaire d'Ottawa une conférence de presse conjointe avec le regroupement qu'elle avait initié. Parlant au nom des cinquante-deux organisations signataires, elle réitéra sa demande d'une mesure humanitaire spéciale et sollicita une rencontre avec le premier ministre Trudeau, qui refusa. Malheureusement, à cause d'une tempête de neige, cette conférence de presse n'eut pas le succès escompté.

En mars 1975, la Ligue était en mesure de publier un dossier accablant: «Ottawa, disait-elle, a trompé les Canadiens et les Haïtiens et l'éthique de la justice canadienne est gravement éprouvée à la Commission d'appel de l'immigration. La Ligue en a établi la preuve.» Les accusations qu'elle portait reposaient sur: l'audition et l'analyse de plusieurs causes entendues par la Cour d'Appel de l'immigration, révélant l'utilisation de tactiques de harcèlement et d'intimidation par les procureurs du ministère; des déclarations et agissements du ministre Andras contraires à la loi qu'il administrait; une lettre du premier ministre Trudeau faisant état de son souhait qu'aucun Haïtien ne soit expulsé sous la menace de tribulations graves; une lettre du secrétaire d'État aux Affaires extérieures MacEachen constituant une déclaration de confiance au régime Duvalier; enfin, des documents récents confirmant la vraie nature du régime Duvalier. La Ligue concluait en demandant au gouvernement Trudeau de s'expliquer.

Le gouvernement fédéral ne donna jamais suite à cette demande, pas plus qu'il n'adopta de mesure humanitaire spéciale. Il choisit plutôt de sauver la face en réglant les cas un à un, discrètement, de sorte qu'une infime minorité seulement des Haïtiens menacés de déportation, le fut effectivement.

12. CONCLUSION

Entre 1972 et 1975, la Ligue des Droits avait donc su se tailler une place unique dans la société québécoise; elle avait participé à plusieurs débats sociaux d'importance. Dans chacun d'eux, elle avait su apporter une contribution originale en analysant les faits de son point de vue particulier: celui des droits; aussi était-il devenu rare en 1975 qu'une question relative aux droits soit débattue publiquement sans que la Ligue ne soit invitée à faire connaître sa position.

C'est également d'une façon particulière que la LDH avait traduit en actes son option pour les droits collectifs: sans s'attarder spécialement aux droits économiques et sociaux, comme plusieurs sans doute s'y attendaient, elle avait plutôt, à chaque occasion, pressé le législateur de revoir en profondeur toute la législation dans un secteur donné pour adopter une politique cohérente qui tienne compte de tous les groupes sociaux. Dans les débats chargés d'émotivité, comme l'avortement ou la peine de mort, elle s'était employée à jouer un rôle éducatif en situant le problème dans un contexte aussi large que possible. Elle avait dénoncé vivement un abus criant: la déportation des Haïtiens. Et par-dessus tout, elle avait été l'une des principales instigatrices de l'adoption d'une Charte des Droits par le gouvernement du Québec.

Un bilan très positif donc. Et qui reflète bien les préoccupations et les orientations du CA d'alors, lequel comptait plusieurs personnalités réputées pour leur engagement social.

Entre 1972 et 1975 la Ligue avait pris une expansion considérable. L'équipe de la permanence s'était enrichie de trois postes et demi : elle comptait maintenant un directeur général, une secrétaire exécutive, une secrétaire, une réceptionniste et une recherchiste, tous à temps plein, sans compter une permanente spécialisée à l'Office des Droits des Détenu-e-s. Le nombre de membres individuels était passé de 200 qu'il était en 1972 à près de mille en 1974. Quant aux membres collectifs, la Ligue s'était efforcée de les recruter au sein de milieux aussi diversifiés que des associations de chefs de police et pompiers, des associations professionnelles, des syndicats, etc. ; en mai 1975, elle en comptait quinze.

Pour faire face à ses nouveaux besoins d'espace, la Ligue avait déménagé une première fois rue Sherbrooke puis, suite à un incendie, au carré Saint-Louis, où elle disposait de neuf pièces, ce qui lui permettait de continuer à héberger la section canadienne francophone d'Amnistie Internationale, qui logea au siège social de la Ligue de 1973 à 1979.

Le budget s'était accru en conséquence : de 4 000 $ qu'il était en 1970, à 24 000 $ en 1971 à la suite de la première subvention du Secrétariat d'État, il atteignait 98 000 $ au 31 décembre 1974. La Ligue connaissait déjà — et cela ne faisait que commencer — les problèmes financiers communs aux groupes de pression : retards dans l'octroi des subventions, emprunts, engagements, incertitudes, ajournements... À cela s'ajoutait le refus du gouvernement fédéral d'enregistrer la Ligue comme organisme de charité, ce qui l'avait obligée à créer un fonds en fiducie lui permettant de recevoir des dons et des subventions privées telles la subvention de la Fondation Donner.

Pendant sa période sociale, la Ligue avait pris l'habitude de réunir ses membres quelques fois en cours d'année dans le cadre d'une conférence par exemple, d'un colloque, d'un dimanche des droits, ou encore pour étudier le projet de loi 50, préparer l'assemblée générale annuelle, etc. Ainsi, entre l'assemblée annuelle de 1974 et celle de 1975, elle convoqua quatre assemblées de membres, chacune ayant un objet différent. Ces fréquentes activités, ainsi que la présence de la Ligue dans les media, avaient pour effet de tenir les membres en haleine toute l'année durant.

Plusieurs de ces assemblées étaient ouvertes au grand public, auquel la Ligue se voulait accessible. Elle avait d'ailleurs fait le vœu, en élargissant son conseil d'administration, qu'un maximum de secteurs diversifiés de la population y soient représentés. Mais elle ne s'était jamais départie d'un certain élitisme: l'origine des membres de son conseil en fait foi (voir p. 100), ainsi que son attitude par rapport aux groupes auxquels elle se trouva associée de façon ponctuelle dans différentes causes.

La Ligue craignait par-dessus tout qu'une lutte menée conjointement avec d'autres organismes n'entachât sa crédibilité; les seuls regroupements ad hoc auxquels on la vit prendre part furent ceux qu'elle avait elle-même créés, et dont elle était le principal, sinon l'unique porte-parole.

Par contre, c'est avec intérêt que la LDH participa à la création d'un regroupement pancanadien des associations de défense des droits. En 1971, le directeur général de l'époque, Pierre Jasmin, avait été l'un des membres du comité de formation chargé de discuter des modalités de mise sur pied d'une éventuelle fédération canadienne. C'est en juin 1972, à Montréal, qu'eut lieu l'assemblée de fondation de la Fédération canadienne des Associations des droits de l'homme et des libertés civiles. La LDH y délégua des représentants, comme elle le fit par la suite pour toutes les assemblées générales.

Au moment de la fondation, soucieuse de préserver sa juridiction à l'intérieur du Québec, la Ligue observa une attitude prudente; elle demeura hésitante durant la première année de fonctionnement de la Fédération, se demandant si les francophones y auraient une place. Par la suite, ayant constaté les efforts honnêtes de l'organisation pancanadienne pour assurer le respect des minorités, elle collabora franchement; Raymond Boyer, membre du CE de la Ligue, fut élu à l'exécutif de la Fédération canadienne en 1974 et depuis, la Ligue du Québec fut toujours représentée à cette instance canadienne.

La période sociale de l'histoire de la LDH se caractérise par la quantité impressionnante de dossiers de qualité que ses militants préparèrent; car derrière le talentueux communicateur qu'était Maurice Champagne, et derrière la

Photo Daniel Frenette.

Raymond Boyer.

D'abord chimiste, puis recherchiste en criminologie, Raymond Boyer n'a jamais cessé de militer.

Il fut membre de l'exécutif de la Société canadienne des Droits de l'Homme de 1938 à 1940; membre du conseil d'administration de la Ligue des Droits de l'Homme en 1972, puis de l'exécutif de 1973 à 1976; premier président de l'Office des Droits des Détenu-e-s, et enfin, membre de l'exécutif de la Fédération canadienne des Associations des droits de l'homme et des libertés civiles de 1974 à 1976.

L'Association pour des rencontres culturelles avec les détenu-e-s (ARCAD), dont il est l'un des fondateurs, a institué en son honneur le prix Raymond Boyer, qu'elle décerne à chaque année aux détenu-e-s qui se sont distingués par leur production littéraire ou artistique.

personnalité sympathique du président Léo Cormier (décédé en mars 1984), une équipe de militants très motivés travaillaient sans compter aussi souvent et aussi longtemps que leurs services étaient requis.

Plusieurs des dossiers qu'ils préparèrent établissaient une position de base concernant les droits dans un secteur donné ; de ce fait, ces dossiers sont encore utilisables par les militants d'aujourd'hui.

Malheureusement, dans bien des cas, des dossiers ouverts pour répondre à la conjoncture furent ensuite abandonnés. La solution à ce manque de continuité se trouvait dans la création de comités de travail permanents, capables d'élaborer une plate-forme, puis d'intervenir par la suite dans leur domaine de spécialisation. En 1975, seul l'Office des Droits des Détenu-e-s avait acquis suffisamment de stabilité pour satisfaire ces exigences ; mais en 1977, plusieurs autres comités semblables allaient voir le jour.

Entre 1972 et 1975, la Ligue fit presque une spécialisation de la préparation de dossiers au détriment, forcément, d'autres types d'intervention. Ainsi, en février 1974, elle prit la décision de remplacer un poste de consultant par un poste de recherchiste formé en droit, et de ne prendre en considération que les cas types parmi les nombreuses plaintes qu'elle recevait.

Au printemps 1975, peu avant son départ, le directeur général Maurice Champagne recommandait au CA de «considérer la Ligue avant tout, dans le domaine des droits de l'homme, et à ce stade, comme un organisme d'étude et de recherche, mais centré au rythme de l'actualité sur le vécu collectif, et privilégier les interventions touchant la loi».

Au moment où le directeur général écrivait ces lignes, un conflit d'importance paralysait la LDH depuis quelques mois : cette tendance à la spécialisation de la Ligue dans un rôle de recherche, alliée à l'habitude de négocier avec le pouvoir politique instaurée par Maurice Champagne, allait à l'encontre de l'idéologie plus radicale et combative développée par l'Office des Droits des Détenu-e-s. Les divergences étaient nombreuses, et l'une d'entre elles concernait la deuxième partie du projet Donner, que l'ODD voulait transformer en une recherche-action, alors que le directeur général souhaitait s'en tenir à la recherche de type fondamental prévue.

Ce contexte de crise préparait une seconde «révolution» qui, pour moins spectaculaire que celle de 1972, devait affecter tout aussi profondément l'orientation de la Ligue.

Durant l'année 1975, le conseil d'administration se radicalisa sensiblement, et la tendance «modérée» fut mise en minorité: «Je me suis senti doublé sur ma gauche», dira Pierre Jasmin, qui avait fait la révolution de 1972 aux côtés de Maurice Champagne. En outre le directeur général, qui en quelque sorte était l'animateur de cette tendance, allait peu après quitter la Ligue pour devenir vice-président de la Commission québécoise des Droits de la Personne.

La création de cet organisme gouvernemental obligerait la LDH à se redéfinir en mettant fin à sa stratégie de négociation directe avec les dirigeants politiques. Par ailleurs, la montée de la répression à l'approche des Jeux Olympiques allait la forcer à abandonner son rôle de «maître à penser» pour s'installer sur la ligne de combat.

Dans cette transformation sans éclat, l'équipe de la permanence jouerait un rôle moteur: prenant conscience de ses droits et de ses pouvoirs, la permanence réclamerait l'abolition des structures hiérarchiques et des disparités salariales, et recommanderait au CA de donner à la Ligue une orientation plus «populaire». En outre, au cours de la période 1975-77, elle se déclarerait favorable à l'autonomie des comités de travail.

Ces différents facteurs, auxquels il faut ajouter l'arrivée à l'été 1975 de Simonne Monet Chartrand, suivie quelques mois plus tard de celle de Normand Caron, créèrent un tout nouveau contexte; le conflit ODD/LDH se résorba de lui-même, libérant les énergies des militants pour préparer la Ligue des Droits de l'Homme à assumer son nouveau rôle.

* * *

CONCLUSION

En trois décennies, de 1930 à 1960, la société québécoise évolua considérablement; c'est donc dans un contexte tout différent que les membres de la Société canadienne des Droits de l'Homme et ceux de la Ligue des Droits de l'Homme œuvrèrent à la défense des droits, les premiers le faisant à leurs risques dans une société rebelle à l'idée même de droits, tandis que les seconds militèrent dans l'atmosphère rassurante de la Révolution tranquille.

La Société canadienne des Droits de l'Homme regroupait, pour la majorité, des anglophones partageant une conception des droits et de leur défense que l'on pourrait qualifier de «juridique»: vouant un véritable culte aux droits individuels traditionnels, ils privilégiaient la défense d'un cas type par le recours judiciaire. L'adoption de la loi du Cadenas puis l'application des règlements concernant la défense du Canada équivalait à remettre en question la légitimité même de l'existence d'un groupe comme la SDH; on ne s'étonnera pas si cette dernière consacra sa courte vie à lutter contre ces deux mesures répressives. De cette confrontation directe avec le pouvoir politique dont l'enjeu était le droit à l'existence d'un organisme voué à la défense des droits, la SDH sortit perdante: elle avait eu le tort de naître trop tôt.

Tout autre était la conjoncture lorsque Kalmen Kaplansky entra en fonction comme directeur national du Comité Ouvrier Juif en 1946; la fin de la crise économique d'abord, puis de la guerre, avait mis un terme à la persécution systématique contre les groupes revendiquant plus d'égalité, sinon au Québec, du moins dans le reste du Canada. Tout comme la SDH avant lui, le COJ s'intéressait aux droits «classiques»; l'expérience tragique dont venait d'émerger le peuple juif insufflait aux militants du Comité le dynamisme, la hardiesse et la persévérance nécessaires pour mener à bien une longue tâche d'éducation de la population au respect des droits des minorités.

La détente sociale et les précieuses alliances que créa le COJ lui permirent d'enregistrer d'importantes victoires judiciaires et morales sur la discrimination. Après 1964, le COJ prolongea son action au Québec à travers le Comité pour la Défense des Droits de l'Homme. L'histoire de ces deux organismes, COJ et CDDH, est étonnamment linéaire, exempte de soubresauts : Kalmen Kaplansky dirigea le COJ de 1946 à 1957 ; Gérard Rancourt (FTQ) présida le CDDH de 1964 à 1970, année où Louis Laberge (FTQ) lui succéda ; point de crise interne apparente, point de réorientation fracassante, du moins avant 1975 ; les deux groupes traversèrent donc la Révolution tranquille, la fièvre contestataire de la fin de la décennie 1960 et les événements d'octobre 1970 sans en paraître ébranlés.

On pourrait multiplier les exemples d'organismes de défense des droits remarquables de stabilité : la Ligue française des Droits de l'Homme en est un, ainsi que, plus près de nous, la Canadian Civil Liberties Association de Toronto.

Contemporaine de ces différents groupes, la Ligue des Droits de l'Homme du Québec offre pourtant un tableau contrastant : entre 1963 et 1975, elle connaît neuf président-e-s et plusieurs remises en question, et elle est secouée par une «révolution» en 1972. La notion de «droits de l'homme» pouvait-elle demeurer étrangère aux bouleversements sociaux qui affectèrent le Québec durant toutes ces années ?

L'organisme fondé en 1963 par les Trudeau, Hébert, Patenaude, Casgrain, Scott et les autres, est en continuité avec certains prédécesseurs ; la SDH ou le COJ, par exemple : il l'est beaucoup moins avec l'Union des Libertés civiles de la décennie 1950, affiliée au Parti communiste. Mais la LDH se distingue des groupes qui l'ont précédée par le fait qu'elle est un produit de la Révolution tranquille, et qu'en ce sens elle était déjà, au moment de sa naissance, profondément rattachée à son milieu.

Le Québec du début de la décennie 1960 vivait en état d'urgence : le retard à rattraper était considérable et toutes les forces vives participaient au mouvement collectif d'édification d'une société moderne ; milieux d'affaires et syndicaux, professions libérales, avaient provisoirement oublié leurs traditionnelles divergences idéologiques, happés qu'ils étaient par l'importance de la tâche à accomplir.

Fondée par des précurseurs et des artisans de la Révolution tranquille, la Ligue des Droits de l'Homme reflétait, bien qu'imparfaitement, les alliances de ce milieu en ébullition ; s'y retrouvaient côte à côte des porteurs de projets de société fort différents, voire même opposés : d'aucuns — la majorité probablement — voyaient dans les réformes en cours un nécessaire ajustement, tandis que pour d'autres elles constituaient le prélude à des changements plus importants.

Qu'avaient donc en commun ces administrateurs que tout aurait pu séparer ? Peut-être une répulsion pour les abus de pouvoir quels qu'ils soient ; ou encore, la recherche d'une certaine justice sociale ; sûrement, en tout cas, une même notion, simple et bien circonscrite, des droits à défendre, qui apparente la LDH des années 1960 à la SDH des années 1930.

Par contre, à la différence de cette dernière, la Ligue des Droits de l'Homme ne recourut que rarement aux tribunaux, et cela durant toute son existence, privilégiant plutôt la pression directe ou indirecte sur le pouvoir politique par les séances d'information, les mémoires et les dénonciations publiques.

Durant la deuxième moitié de la décennie 1960, la Révolution tranquille s'essouffla, les alliances se rompirent et les antagonismes sociaux refirent surface. C'est à ce moment qu'à la Ligue, la conception des droits et du rôle de la LDH commença à faire problème. Le Pacte international relatif aux droits économiques, sociaux et culturels avait été adopté par les Nations Unies en 1966 ; et même si le Canada ne devait y adhérer que dix ans plus tard, les défenseurs des droits, fussent-ils des plus conservateurs, ne pouvaient guère ignorer l'existence des «nouveaux» droits qui y étaient reconnus. Pendant ce temps, au Québec, les milieux de gauche s'étaient radicalisés et proposaient maintenant un tout nouvel ordre social ; une poussée nationaliste enfiévrait tous les milieux et des mouvements de libération naissaient ici et là ; enfin, à la faveur des grandes réformes du début de la décennie, l'État s'était introduit dans tous les secteurs de la vie collective, et y avait instauré un contrôle centralisé et technocratique.

Bref en 1967, le Québec ne ressemblait déjà plus à ce qu'il était en 1963. L'heure était à la mobilisation ; de toutes parts, on se regroupait pour réclamer un droit de parole dans les grands débats.

La Ligue des Droits pouvait-elle, dans ce contexte, continuer à intervenir comme elle l'avait fait jusque-là, en donnant la parole à une élite qui réclamait plus de justice et de liberté au nom du simple citoyen ? Déjà, plusieurs éléments dynamiques avaient quitté, ayant peut-être trouvé ailleurs des causes plus conformes à leurs aspirations ; ceux qui restaient étaient profondément divisés sur la question de la mission de la Ligue. L'efficacité et l'image publique de cette dernière s'en ressentaient. Cette stagnation dura quelques années.

Ce furent les événements d'octobre 1970 qui mirent fin à cette désaffection des milieux militants envers la Ligue. Tout se passa comme si brusquement, chacun avait pris conscience de l'importance de cet organisme, autant ceux qui lui reprochaient amèrement son attitude durant la crise d'octobre que ceux qui s'estimaient satisfaits de son travail ; pour eux tous en effet, la Ligue avait un rôle majeur à jouer lorsque, dans un pays démocratique et en temps de paix, un gouvernement suspend tout à coup tous les droits.

On ne saura jamais ce qu'il serait advenu de la LDH si elle avait dénoncé catégoriquement la loi sur les mesures de guerre. Ce qui est certain, c'est qu'octobre 1970 sonna l'heure des grands changements. Durant les deux années qui suivirent, la Ligue fut investie par une nouvelle élite qui supplanta l'élite traditionnelle comme elle l'avait fait ailleurs au Québec; ces nouveaux venus, universitaires, nationalistes, socialement engagés, voulaient faire jouer à la LDH un rôle d'agent de transformation sociale, profondément enraciné dans son milieu.

Lorsque les membres du conseil d'administration élu par l'assemblée générale de 1972 se trouvèrent réunis pour la première fois, ils durent d'abord constater l'ampleur et l'imprécision de leur mandat. Le Québec était à l'heure de nouveaux partages et de nouvelles définitions; plusieurs des aspirations formulées dans l'euphorie des années 1960 avaient été reprises par l'État, qui se préparait maintenant à leur donner un encadrement formel; ce dernier, par ailleurs, vivait un important affrontement avec ses employés des secteurs publics et parapublics regroupés en un front commun. L'issue de tous ces débats allait être déterminante pour l'avenir collectif, et les membres de la Ligue avaient formulé le voeu que leur organisme y prenne part.

Tout était à faire donc, et tout était possible. Le Manifeste publié à l'automne 1972, et visiblement rédigé à la hâte, reprenait les idées qui circulaient depuis quelques années dans les milieux progressistes, notamment celle du droit à la participation. Mais ce qui était extrêmement novateur, c'est qu'il incluait les droits collectifs dans le champ d'action de la Ligue, «inventant» ainsi un nouveau type de Ligue des Droits de l'Homme.

Cette redéfinition de la mission de la LDH signifiait beaucoup plus qu'un élargissement de ses compétences; elle signifiait une nouvelle approche des droits en général. En effet, alors que durant la décennie 1960, la Ligue «juridique» voyait à ce que les droits déjà reconnus soient respectés en invoquant des lois, la Ligue «sociale» de 1972 entreprenait de défendre des droits qui n'avaient aucune assise juridique, et pour lesquels, par conséquent, aucun recours n'existait. Elle allait forcément devoir changer son mode d'intervention.

La «nouvelle» Ligue allait elle aussi, bien sûr, se pencher sur quelques lois; mais elle le ferait avec une approche plus large, plus globale, dans la perspective de repenser les rapports sociaux pour suggérer un nouveau contrat social ouvert dans lequel d'autres droits pourraient sans cesse venir s'insérer.

Cependant, cette option en faveur des droits collectifs, en même temps qu'elle ouvrait de larges horizons à la Ligue, mettait fin aux tranquilles certitudes des années 1960: où s'arrêtait l'individuel et où commençait le collectif? jusqu'où pouvait aller la compétence de la Ligue? où s'arrêtait l'apolitisme et où commençait la partisanerie? Car cette option en faveur des droits collectifs allait inévitablement faire de la Ligue un objet de convoitise pour différents groupes politiques désireux d'utiliser à des fins partisanes l'incomparable tribune publique qu'elle offrait.

À une Ligue des Droits qui avait choisi de s'ajuster à l'heure du Québec, l'avenir promettait donc d'être mouvementé; d'autant plus mouvementé que depuis 1971, elle percevait des subventions gouvernementales, ce qui la plaçait dans une position de vulnérabilité accrue aux pressions politiques de toutes sortes.

* * *

Que fut la Ligue des Droits de l'Homme pour notre société entre 1963 et 1975? On ne saurait l'assimiler aux nombreux groupes de gauche qui proliférèrent à cette époque; la composition de son conseil d'administration, particulièrement durant les années 1960, certaines de ses prises de position, et l'éventail des groupes dont elle sollicita l'adhésion entre 1972 et 1975, empêchent de lui coller une étiquette: la Ligue des Droits de l'Homme du Québec ne ressemble qu'à elle-même.

Ce qui ne fait aucun doute, cependant, c'est que la LDH fut écoutée. Impossible pour le gouvernement de faire la sourde oreille lorsque, comme ce fut le cas durant la décennie 1960, les contestataires sont des juristes réputés, des intellectuels prestigieux, ou qu'ils évoluent depuis toujours dans les plus hautes sphères du pouvoir... Pas davantage ne pouvait-il ignorer la Ligue de la période 1972-75, dont les media reprenaient et diffusaient abondamment le discours: «Ils nous détestaient, commente Jean-Louis Roy, président en 1972-73, ils n'aimaient pas ce qu'on faisait; (mais ils) étaient obligés d'(en) tenir compte». Les résultats? L'institution d'enquêtes du coroner et de la Commission de Police, la création de la Commission Prévost, l'adoption de la Charte québécoise des droits et la mise sur pied du comité sur la protection de la Jeunesse, etc...

La majorité de ces victoires, malheureusement, ne fut jamais que partielle. L'institution d'une enquête de la Commission de Police sur un cas de brutalité policière n'a pas pour effet d'enrayer cette dernière, ni même de la faire diminuer. La Charte québécoise des droits était bien progressiste, comme l'avait souhaité la Ligue, mais elle n'était pas fondamentale.

Un coup d'oeil aux suggestions les plus importantes faites par la Ligue au gouvernement et retenues par lui nous apprend que le pouvoir politique ne les accepte jamais d'emblée; avant de les adopter, il procède à une rigoureuse sélection, retenant les éléments susceptibles d'améliorer son image, et écartant souvent ceux qui lui imposent des concessions substantielles.

C'est que, à compter de la décennie 1960, les différents gouvernements se virent obligés de tolérer l'existence d'organismes de défense des droits; l'heure des bâillons et des cadenas était bel et bien révolue. Cependant, la présence de groupes les surveillant et dénonçant leurs moindres écarts ne pouvait certes leur plaire; dans l'impossibilité de les interdire et devant la nécessité de désamorcer les tensions sociales, restait ... le recours à la dilution de leurs revendications.

C'est pourquoi, un regard vers l'influence de la Ligue des Droits de l'Homme sur l'opinion publique risque de permettre une évaluation plus complète et plus encourageante de ce qu'elle a représenté pour son milieu. Car c'est là, véritablement, que son travail a porté ses meilleurs fruits. Même s'il est impossible de quantifier ce type de résultat, contrairement aux projets de loi adoptés à la suite des pressions directes de la Ligue, on ne peut mettre en doute le fait que ses multiples interventions dans des cas de brutalité policière et les enquêtes instituées grâce à elle ont certainement fini par convaincre une bonne partie de la population que ce genre d'abus existe réellement ; tout comme le remue-ménage dont elle se fit l'instigatrice au sujet de l'adoption d'une charte québécoise des droits a grandement contribué à faire en sorte que de nos jours l'on parle de plus en plus de droits dans tous les milieux ; signalons enfin la publication de la LDH sur l'avortement, la seule à l'époque à faire le point sur le sujet, et qu'après dix ans des organismes d'intervention auprès des femmes enceintes recommandent encore comme un ouvrage de référence !

En définitive, ce qui reste de la somme de travail accomplie par la Ligue, c'est sa contribution à l'éveil et l'expression de la conscience sociale et politique de chacun-e ; là réside sa raison d'être, de là vient toute son importance.

ANNEXES

CONSEIL D'ADMINISTRATION PROVISOIRE

	Thérèse Casgrain
	Gordon L. Echenberg
Me	Alban Flamand
	Jean-Louis Gagnon
Me	Gabriel Glazer
	Jacques Hébert
	Gérard Labrosse, s.j.
	Bernard Landry
	Yvan Legault
	Jean Marchand
	Gérard Pelletier
	Gérard Rancourt
Me	Frank Scott
	Ed. J. Sommer
Me	Pierre Elliott Trudeau
	George Wesley
	J.Z. Léon Patenaude, secrétaire

CONSEIL D'ADMINISTRATION ÉLU LE 29 MAI 1963

Me	Alban Flamand, président
Me	Gabriel Glazer, vice-président
	Yves Michaud, vice-président
	Gérard Labrosse, s.j., trésorier
Me	René Hurtubise, secrétaire
	Thérèse Casgrain
	Gordon Echenberg
Me	Raymond Favreau
	Jean-Charles Harvey
	Jacques Hébert
	Bernard Landry
Me	André Nadeau démission en cours d'année
	J.Z. Léon Patenaude
Me	Frank Scott
Me	Pierre Elliott Trudeau
	George Wesley

CONSEIL D'ADMINISTRATION ÉLU LE 14 MAI 1964

| Me | René Hurtubise, président |
| | Thérèse Casgrain, vice-présidente |

156

Me   Alban Flamand, vice-président
Me   Pierre Verdy, trésorier
      Gérard Labrosse, s.j., secrétaire
      Gordon Echenberg
Me   Raymond Favreau
Dr   Lise Fortier
Me   Guy Guérin
      Jean-Charles Harvey
      Richard Leslie
      Gérard Rancourt — nommé le 7
      janvier 1965
Me   Frank Scott
Me   Pierre Elliott Trudeau
      Georges Wesley

CONSEIL D'ADMINISTRATION ÉLU LE 18 MAI 1965

Me   Claude-Armand Sheppard, président
      Thérèse Casgrain, vice-
      présidente
      Richard Leslie, vice-président —
      démission le 7 février 1966
      Jean-Louis Beaudoin, secrétaire
Me   Alice Desjardins, trésorière
Me   Jacques Bellemare — élu vice-
      président le 7 février 1966
Dr   Lise Fortier
Me   Guy Guérin
      Jean-Charles Harvey
Me   René Hurtubise
      Gérard Labrosse, s.j.
      Gérard Pelletier
      Gérard Rancourt
Me   Frank Scott
Me   Pierre Elliott Trudeau
Me   Pierre Verdy

CONSEIL D'ADMINISTRATION ÉLU LE 18 AVRIL 1966

      Thérèse Casgrain, présidente
Dr   Bruno Cormier, vice-président
Me   Jacques Bellemare, vice- président
Me   Claude-A. Sheppard, vice- président
Me   Olivier Prat, secrétaire
      Gérard Labrosse, s.j., secrétaire-
      adjoint
      Maynard Gertler, trésorier
      Jean-Louis Beaudoin —
      démission le 12 avril 1967
      Monique Bosco

Dr   Lise Fortier
Me   Guy Guérin
Me   René Hurtubise
Dr   Henry Morgentaler
Me   Pierre Verdy
      George Wesley — démission le
      12 avril 1967

CONSEIL D'ADMINISTRATION ÉLU LE 12 AVRIL 1967

      Thérèse Casgrain, présidente
Dr   Bruno Cormier, vice-président
Me   Claude-A. Sheppard, vice- président
Me   Olivier Prat, vice-président
Me   Paul Tellier, secrétaire —
      démission le 4 mai 1967
      Maynard Gertler, trésorier
Dr   Henry Morgentaler, conseiller
Me   Jacques Bellemare
      Monique Bosco
      Philippe de Massy — nommé le
      4 mai 1967
      Claude E. Forget — élu secrétaire
      le 4 mai 1967
Me   René Hurtubise
      Gérard Labrosse — démission le
      23 octobre 1967
Dr   Edward Mc Whinney
      Jean-Robert Ouellet
Me   Pierre Verdy

CONSEIL D'ADMINISTRATION ÉLU LE 9 MAI 1968

      Claude E. Forget, président
      démission le 13 mars 1969
Me   Olivier Prat, vice-président
Dr   Bruno Cormier, vice-président
Dr   Don Bates, vice-président
      Maynard Gertler, trésorier
Me   Pierre Verdy, conseiller
Me   Bernard Grenier, secrétaire
      Monique Bosco
      Thérèse Casgrain — nommée le
      18 juin 1968
Me   Gilles Duguay — démission le 18
      juin 1968
      Jacques Hébert
Me   René Hurtubise — nommé le 18
      juin 1968
      Talbot Johnson
      Jules Lareau
      Claude Longpré

Dr   Edward Mc Whinney —
démission le 18 juin 1968
Me   Robert Sacchitelle

CONSEIL D'ADMINISTRATION ÉLU LE 3 JUIN 1969

Thérèse Casgrain, présidente
Me   Pierre Verdy, vice-président
Me   Olivier Prat, vice-président
Me   Gilles Fafard, secrétaire
Talbot Johnson, trésorier
Me   Bernard Grenier, conseiller
Dr   Bruno Cormier
Gordon Echenberg
Maynard Gertler
Jacques Hébert
Robert Koci — démission le 13
novembre 1969
Jules Lareau
Stéphany Logan — démission le
8 janvier 1970
Thérèse Nielsky (Romer)
Me   Jeannine Rousseau
Jean-Louis Roux — nommé le 27
novembre 1969

CONSEIL D'ADMINISTRATION ÉLU LE 25 MAI 1970

Jacques Hébert, président
Me   Frank Scott, vice-président
Me   Olivier Prat, vice-président
Jules Lareau, trésorier
Me   Jacques Dagenais, secrétaire
Me   Robert Cooper — nommé le 29
octobre 1970
Me   Gilles Fafard
Maynard Gertler
Me   Bernard Grenier
Me   Pierre Jasmin — nommé le 1er
avril 1971
Gérard Labrosse, s.j.
démission le 24 septembre 1970
Me   Daniel Manseau
Me   Pierre Meunier
Thérèse Nielsky (Romer)
Me   Jeannine Rousseau
Jean-Louis Roux
Michel Roy

CONSEIL D'ADMINISTRATION ÉLU LE 26 AVRIL 1971

Jacques Hébert, président
Michael Oliver, vice-président
Maurice Champagne, vice-président

Thérèse Nielsky (Romer), secrétaire
Jules Lareau, trésorier —
démission le 25 janvier 1972
Me   Robert Cooper
Me   Philip Cutler
Me   Jacques Dagenais — démission le
8 septembre 1971
Me   Gilles Fafard
Maynard Gertler
Me   Pierre Jasmin
Me   Daniel Manseau
Louise Marcil — nommée le 26
octobre 1971
Ghislaine Martin — nommée le
22 décembre 1971
Me   Pierre Meunier
J. Z. Léon Patenaude — nommé
le 22 décembre 1971 — élu
trésorier le 25 janvier 1972
Me   Olivier Prat
Me   Jeannine Rousseau — démission
le 22 décembre 1971
Me   Frank Scott

CONSEIL D'ADMINISTRATION ÉLU LE 27 AVRIL 1972

Maurice Champagne, président
— démission le 7 septembre 1972
Marie-Andrée Bertrand, vice- présidente
Jean-Louis Roy, vice-président
— élu président le 23 septembre
1972
Me   Pierre Jasmin, secrétaire, puis trésorier
Me   Daniel Manseau, trésorier —
démission le 1er décembre 1972
Marc Bélanger — nommé le 23
janvier 1973
Raymond Boyer — nommé le 1er
décembre 1972
Me   Robert Cooper — démission le
12 décembre 1972
Léo Cormier — nommé le 7
septembre 1972 — élu vice-
président le 7 novembre 1972
Me   Philip Cutler — démission en
juin 1972
Michel Dansereau — nommé le
23 janvier 1973

Me   Monique Dubreuil — nommée
le 23 janvier 1973
Viviane Garigue
Lizette Gervais — nommée le 7
novembre 1972
Vincent Harvey — élu conseiller
le 19 septembre 1972 — décédé
le 10 octobre 1972
Louise Marcil
Ghislaine Martin
Me   Bernard Mergler
Me   Pierre Meunier — élu vice-
président le 23 janvier 1973
Fernand Morin — nommé le 7
novembre 1972
Véronique O'Leary — nommée
le 7 septembre 1972
Michael Oliver — démission en
juin 1972
René St-Louis — nommé le 23
janvier 1973
Me   Frank Scott — démission en juin
1972
Paul Williams — nommé le 7
septembre 1972

CONSEIL D'ADMINISTRATION ÉLU LE 24 MAI 1973

Jean-Louis Roy, président —
démission comme président le
22 novembre 1973
Marie-Andrée Bertrand, conseillère
Raymond Boyer — élu vice-
président le 4 décembre 1973
Léo Cormier — élu vice-
président le 4 décembre 1973 —
élu président le 15 décembre
1973
Me   Pierre Jasmin, conseiller
Me   Pierre Meunier — élu vice-
président le 4 décembre 1973
Fernand Morin — élu conseiller
le 15 décembre 1973
Marc Bélanger
Jean-Claude Bernheim
Guy Bourgeault — nommé
directement conseiller le 7 mai
1974
Michel Dansereau — démission
le 12 février 1974
Me   Monique Dubreuil

Pierre Gagnon
Lizette Gervais
Raymond Guilbeault
Louise Marcil
Me   Bernard Mergler
Me   Camille Messier
Véronique O'Leary
René Saint-Louis

CONSEIL D'ADMINISTRATION ÉLU LE 23 MAI 1974

Léo Cormier, président
Raymond Boyer, conseiller
Me   Pierre Jasmin, conseiller
Guy Bourgeault, conseiller
Lucie Lebœuf, conseillère
Jacques Desmarais, conseiller
Marc Bélanger
Paul Bélanger
Jean-Claude Bernheim
Bernard Cleary
Dr   Gustave Denis
Aline Desjardins
Philippe Edmonston
Lizette Gervais
Stella Guy — nommée le 16
décembre 1974
Jacques Magnan (Québec)
Me   Bernard Mergler
Me   Camille Messier
Jean-Louis Roy
René Saint-Louis
Cécile Toutan

CONSEIL D'ADMINISTRATION ÉLU LE 28 MAI 1975

Léo Cormier, président
Guy Bourgeault, conseiller
Raymond Boyer, conseiller
Me   Jean-François Boulais, conseiller
Lizette Gervais, conseillère
Stealla Guy, conseillère
Me   Pierre Jasmin, conseiller
Marc Bélancer — démission le
1er octobre 1975
Paul Bélanger
Jean-Claude Bernheim
Lucille Caron — démission le 21
octobre 1975
Bernard Cleary — démission le 4
décembre 1975
Dr   Gustave Denis

Aline Desjardins — démission le
16 septembre 1975
Jacques Desmarais
Me   Hélène Dumont
Philippe Edmonston
Lucie Lebœuf
Me   Bernard Mergler — décès le 21
octobre 1975
Jean-Louis Roy
René Saint-Louis — démission le
8 avril 1976
Florian Sauvageau — nommé le
13 novembre 1975
Cécile Toutan

MEMBRES DE LA PERMANENCE EN MAI 1975

Maurice Champagne, directeur général
Monique Rochon, secrétaire
exécutive et assistante au
directeur général
Liliane Benhamou, secrétaire
Madeleine Charest, réceptionniste
Aline Gobeil, recherchiste
Astrid Gagnon, permanente à
l'Office des Droits des Détenu-e-s

INDEX
DES NOMS CITÉS

166

TABLE DES MATIÈRES

Achevé d'imprimer
sur les presses des
Ateliers des Sourds Montréal (1978) inc.
le dix-huit octobre mil neuf cent quatre-vingt-cinq